Nací siendo un sanador

"Un sanador en cada hogar y un mundo sin dolor y sufrimiento. "

“ *Spring Forest Qigong va a revolucionar la forma en que miramos la curación.*

– **Bill Manahan**, M.D., Profesor Asistente de Práctica Familiar y Salud Comunitaria, Escuela de Medicina de la Universidad de Minnesota

“ *Recomiendo encarecidamente el uso de Spring Forest Qigong en el tratamiento de la depresión, ansiedad, manejo de la ira, trastorno de déficit de atención, y para mejorar la autoestima.*

– **Frances Gaik**, Psy.D., autora de Un estudio preliminar que aplica el qigong del bosque de primavera a la depresión como un tratamiento alternativo y complementario

“ *No hay reservas que diga que el Maestro Lin está en la cima de su campo entre los Maestros Qigong en los Estados Unidos.*

– **Michael Zeng**, M.D., Presidente Emérito del Instituto Internacional de Medicina China, Santa Fe, Nuevo México, y ex Comisionado de la Comisión Nacional de Certificación para Acupunturistas y Medicina Oriental

Nací siendo un sanador

¡Y tú también naciste siendo un sanador!

Chunyi Lin

con Gary Rebstock

La información de este libro es de naturaleza educativa y útil para promover el bienestar; sin embargo, no está destinada para usarse como atención ni como recomendación médica, tampoco para reemplazar la consulta o los servicios de un médico. Antes de emprender cualquier régimen de autocuidado, es recomendable consultar con su médico, especialmente en relación con las necesidades de atención médica que requieren un diagnóstico médico. Los autores y el editor no son responsables de ningún efecto adverso que resulte de la aplicación de la información en este libro.

Publicado por:

Spring Forest Publishing Co., Inc.
www.springforestqigong.com

Primera edición Chunyi Lin

Producido en los Estados Unidos de América.

AGRADECIMIENTOS

A través de un arduo trabajo, este libro, que he soñado tener durante mucho tiempo, es finalmente una realidad.

Deseo expresar mi profundo agradecimiento:

A mis Maestros y guías espirituales por todo lo que me han enseñado y continúan enseñándome.

A mi esposa Fang y mi hijo Ming, por todo su amor y apoyo.

Al Sr. Liang Yongxi, mi maestro, mi mentor, mi consejero espiritual y mi muy querido amigo, por toda su orientación y apoyo a lo largo de mi vida.

A mis alumnos por la alegría que me han brindado, por las historias que compartieron para este libro y por darme la oportunidad de compartir con ellos la energía curativa de Qigong.

A mi coautor por su lealtad, consejo e investigación, por su arduo trabajo, día y noche, por reunir la información de mis alumnos de todo el país y por llevar a cabo este proyecto hasta su consumación.

A todas las personas maravillosas de Gallop Studios en Minneapolis que tomaron las fotografías de este libro.

Y a todos aquellos que apoyaron la realización de este libro.

CONTENIDO

PRIMERA PARTE
Nací siendo un sanador

SEGUNDA PARTE
Una introducción al Qigong

TERCERA PARTE
Historias de estudiantes

PREFACIO

Recibo muchas cartas, llamadas telefónicas y preguntas en mis clases sobre problemas específicos. Puede que sufran de asma y pregunten: "¿Spring Forest Qigong me puede ayudar con el asma?" ¿Puede ayudar con la artritis, el cáncer, el dolor de espalda, la depresión o algún otro problema? Mi respuesta es siempre la misma: "Sí, puede". Muchas de estas personas han probado diferentes medicamentos u otras terapias sin obtener el beneficio que esperaban. Entonces, cuando prueban Spring Forest Qigong y les funciona, a menudo piensan que es un milagro.

Muchas personas se preguntan cómo puede ser posible. ¿Cómo puede Qigong ayudar con todos estos problemas diferentes? Especialmente para las personas que crecieron dentro del mundo occidental es fácil entender por qué tienen estas preguntas. La medicina occidental es una medicina maravillosa, pero generalmente solo se enfoca en el problema específico. La medicina occidental trata síntomas o síndromes. El enfoque de Qigong para la salud es completamente diferente.

Si tienes un dolor de cabeza, por ejemplo, y tomas una píldora, esto puede ayudar a que los síntomas desaparezcan por un tiempo, pero no aborda la fuente del problema. ¿Qué está causando los dolores de cabeza? Podrían ser las alergias. Podría ser el estrés. Podría ser un nervio pinzado. Podrían ser muchas cosas o una combinación de cosas.

En lugar de enfocarse en cada una de estas cosas de manera individual e independiente, Qigong se enfoca en todas ellas a la vez. Qigong se centra en la fuente o las fuentes del problema, no en los síntomas. Con Qigong no tienes que identificar la fuente específica porque -cualquiera que sea la fuente- es una forma de energía y con el Qigong equilibras toda la energía del cuerpo y no solo una parte.

Déjame compartir contigo la historia de uno de mis alumnos. Hace varios años, una joven llamada Stacy vino a verme porque tenía tumores en los senos. Los tumores eran benignos y se extirparon mediante cirugía pero volvieron a aparecer. Los doctores solo podían ofrecer más cirugías. Ella era escéptica sobre el Qigong pero decidió intentarlo.

En unas pocas semanas, el último tumor de Stacy había desaparecido. No ha vuelto a tener otro y han pasado seis años desde que Stacy comenzó a practicar Spring Forest Qigong. Stacy también sufrió de migrañas y alergias severas. Nunca me habló de esto, pero, para su sorpresa, dejó de tener migrañas y ya no sufre de alergias. Al eliminar los bloqueos de energía en su cuerpo, al equilibrar su energía y al mantenerla fluyendo libremente, todos los problemas separados de Stacy se abordaron al mismo tiempo. Así es como funciona el Qigong. Puedes leer más sobre las experiencias de Stacy, en sus propias palabras, en la página 195 de este libro.

Mientras que la medicina occidental ve cada uno de los problemas de Stacy como temas separados, en Qigong tratamos con toda la persona; el cuerpo, la mente, las emociones y el espíritu como un ser interconectado e interdependiente. Al practicar Qigong estás eliminando todos los bloqueos de energía en el cuerpo y equilibrando toda la energía del cuerpo al mismo tiempo. De esta manera, estás tratando no solo con un problema o síntoma específico, sino con todo tu cuerpo, mente, emociones y espíritu, con toda la persona.

Es muy común que las personas vengan a aprender Spring Forest Qigong debido a una gran preocupación, solo para descubrir que otros problemas mejoran o desaparecen. Albergo la esperanza de que este libro te brinde una mejor comprensión de por qué y cómo funciona el Qigong para que tú puedas tener esta maravillosa experiencia y compartirla con otros.

PRIMERA PARTE

Nací siendo un sanador

"Un sanador en cada hogar
y un mundo sin dolor y sufrimiento"

福

Nací siendo un sanador

Desde junio de 1992, cuando comencé mi recorrido por Estados Unidos en Minnesota, ya le había enseñado a miles de personas Spring Forest Qigong, y había usado el Qigong para ayudar a miles de personas a curar muchos tipos de problemas. La gente viaja desde todas partes en Estados Unidos y en el mundo para asistir a mis clases o para verme para curación.

Realmente disfruto mi trabajo. Cuando veo a la gente sonreír y salir de las clases o de mi oficina sin dolor, no hay palabras que puedan revelar la alegría y la felicidad en mi corazón.

En mis clases o en mis sesiones de curación, la gente sigue transmitiendo el mensaje: "Chunyi es un creador de milagros. Él es un curandero dotado. Nació siendo un sanador." A veces la gente me preguntaba directamente en mis clases u oficina: "¿Crees que naciste siendo un sanador? Sonrío, asiento con la cabeza y digo: Sí. Nací siendo un sanador. Y tú también. Todos nacieron siendo sanadores". Muchos dicen que eso es imposible. Pero las personas que vienen a mis clases, talleres o usan mis materiales de autoaprendizaje para practicar, piensan que es cierto. ¡Es absolutamente cierto!

En la Biblia, Jesús dijo que todos podían sanar tal como él lo hizo. Las personas pueden tener su propia fe o religión. Algunos creen en Dios. Algunas personas no creen. Algunos creen en Jesús. Algunos creen en Buda. Algunos creen en Alá. Algunos creen en el universo. Pero, ¿crees en ti mismo? ¿Dónde está Dios? ¿Dónde está Buda? ¿Dónde está el universo? La respuesta es: en nuestros corazones. Dentro de nosotros. Curarte a ti mismo comienza desde dentro y ayudar a otros a sanar también comienza desde dentro.

Cuando escuchas por primera vez, "puedes curarte a ti mismo. Puedes ayudar a otros a curarse a sí mismos". Suena demasiado bueno para ser verdad. Pero es verdad. Tienes la habilidad de curarte a ti mismo. Tienes la habilidad de ayudar a otros a sanar. Con Qigong, no solo puedes sanar tu cuerpo físico, también puedes sanar tu cuerpo espiritual. Puedes curarte a ti mismo de manera física, emocional, mental y espiritual, todo al mismo tiempo. Esto se llama curación perfecta y completa.

La capacidad de curar es un don. Es un regalo con el que todos nacemos. Siempre has tenido este regalo y siempre lo tendrás. La capacidad de curar no es algo que puedas salir y comprar. No es necesario. Tú ya lo tienes. Todo lo que tienes que hacer es reconocer que tienes este don y luego aprender a usarlo. Miles de mis alumnos a través de su práctica de Spring Forest Qigong ya han demostrado que es cierto y que ha transformado sus vidas. También puede transformar tu vida.

Si no lo crees, no importa. Si tienes dudas al respecto, está bien. La mayoría de la gente las tiene. Cuando escuché por primera vez sobre esto, pensé que también era demasiado bueno para ser verdad. Pero a través de mi práctica, vi la verdad, experimenté la verdad y ahora me entrego totalmente a esta verdad. Permíteme invitarte a caminar brevemente por el sendero de vida y ver cómo me curé a mí mismo y obtuve mi curación perfecta y completa, y luego me convertí en un sanador y maestro.

Mi camino hacia el Qigong

Déjame comenzar con mi historia de baloncesto. Yo era un fanático del baloncesto y todavía lo soy. Desde la secundaria hasta la universidad jugué en el equipo de la escuela o en el equipo de la división en la universidad. No soy alto, mido 1.73 m., pero mi especialidad era anotar canastas de tres puntos. Después de la universidad me asignaron para trabajar en una universidad comunitaria y todavía jugaba mucho al baloncesto. Tuve bastantes lesiones en las rodillas, los tobillos, la espalda y la muñeca por el baloncesto. Una vez incluso me rompí la nariz. Pero todavía me encantaba hacer ese deporte.

Una tarde estaba jugando al baloncesto por diversión con un grupo de personas de edades mixtas. Cuando recibí el balón y no vi a nadie en mi camino, corrí tan rápido como pude para anotar. Fue un movimiento de escape. Driblé la pelota hacia la canasta opuesta y me dirigí a tirar una canasta. Si has jugado al baloncesto, sabes que las reglas te dan dos pasos y medio sin driblar para avanzar hacia la canasta para un tiro corto. Cuando das esos dos últimos pasos, das pasos largos, te mueves hacia afuera y hacia arriba, como si dieras un salto largo en la pista. Deseas cubrir la mayor distancia posible mientras levantas tu cuerpo hacia la canasta.

Estaba a punto de posarme con mi primer paso de despegue cuando, de repente, un hombre mayor de aproximadamente sesenta años, que jugaba en el otro equipo, corrió frente a mí para bloquear mi camino. Corrió directamente hacia mí. No había forma de que pudiera parar, así que levanté mi antebrazo para bloquearlo. Él no supo cómo defenderse. Cuando mi codo lo golpeó, cayó al suelo como un tronco.

Si hubiera seguido avanzando, mi pie se habría estrellado justo en su pecho. Si eso hubiera sucedido, habría sido desastroso para él. Entonces, torcí mi cuerpo al tratar de evitarlo, y caí torpemente sobre mi pie derecho. Cuando aterricé mi rodilla estaba trabada y la oí crujir.

Tenía tanto impulso hacia adelante que salté hacia arriba y hacia la canasta. Tratando de recuperar el equilibrio aterricé torpemente sobre mi pierna izquierda -de nuevo con la rodilla trabada- y oí cómo se quebraba mi rodilla izquierda. Mi impulso todavía me llevaba hacia arriba y hacia adelante y me estrellé en el suelo como un bulto. Podrás imaginar lo doloroso que fue.

Me dio un intenso dolor punzante en ambas rodillas. No pude levantarme. No podía caminar. Dos amigos me tuvieron que sacar cargando de la cancha. Al día siguiente fui al hospital. El médico dijo que no podía hacer nada excepto una cirugía porque el cartílago en mis dos rodillas estaba muy dañado. Dijo que la cirugía sería extensa y que no podía garantizar el resultado.

No quise hacer la cirugía. Así que probé otras cosas. Intenté todo lo que pude: curación con calor, ventosas, masajes, hierbas medicinales, acupuntura, inyección y analgésicos; pero nada funcionó. Simplemente vivía con el dolor y apenas podía moverme.

Más tarde, se convirtió en artritis. Mis rodillas estaban frecuentemente hinchadas y con gran dolor. No podía correr. No podía dormir bien por el dolor. A veces -cuando estaba caminando o de pie- de repente me fallaban las piernas y me caía al suelo. Cuando empeoraba el clima mi dolor empeoraba aún más. El dolor era tan terrible que incluso quise cortarme las piernas. Un día alguien me dijo que un maestro de Qigong muy poderoso y de renombre nacional venía a la ciudad para dar un taller sobre Qigong. La gente decía que a muchas personas, solamente por asistir a su taller, les desaparecieron sus problemas físicos críticos, incluyendo tumores.

Yo nací y crecí en esta cultura, estudié y practiqué Tai Chi y Qigong, así como medicina herbal y acupuntura. La técnica de Qigong que practiqué me fue muy útil durante los momentos difíciles y tumultuosos de mi vida. Incluso había usado mis habilidades con la acupuntura, la medicina herbal y un tipo sencillo de Qigong para ayudar a otros.

Sin embargo, había mucho sobre el Qigong que no sabía entonces. Mis primeros maestros de Qigong no me revelaron el verdadero poder del Qigong. Puede que ellos mismos no lo supieran. La mayoría de los maestros de Qigong no enseñan estas técnicas tan poderosas más que a muy pocos de sus estudiantes.

Por lo tanto, nunca antes había escuchado que algo tan poderoso pudiera suceder, que tan solo con asistir a un taller se curaran tus problemas físicos críticos. No creí que esto pudiera ser verdad. Pero, como ya había intentado todo lo demás y nada funcionó, me pregunté ¿por qué no intentar una cosa más? Además, necesitaba un milagro.

Compré un boleto y fui. El taller se realizó en un campo de fútbol. Comenzó a mediodía. Quince mil personas estaban sentadas en el suelo. El maestro habló siete horas, sin parar, sin pausas para ir al baño para nadie. Así que puedes ver cuán obedientes son los chinos.

Hablaba principalmente sobre cómo funciona y cómo hacer que se mueva el Qi, la energía en el cuerpo, y luego contó muchas historias de sanación y cómo, a través de la compasión, la bondad y la buena voluntad, nos podíamos curar a nosotros mismos. Mientras hablaba, levantó y movió su mano suavemente de lado a lado y transmitió Qi a la audiencia.

Como la mayoría de las personas allí, escuché con los ojos cerrados. Nos pidió que oyéramos sus palabras sin escucharlas, sin prestar atención. Eso significaba que debíamos usar sus palabras y su sonido como música para profundizar en la meditación. Suelta el cuerpo. Deja que el Qi fluya en el cuerpo. No trates de controlar la energía. Solo deja que la naturaleza nutra y sane nuestros cuerpos. No importa qué tipo de reacciones de Qi ocurran en el cuerpo, simplemente tómatelo con calma. No lo analices. Sólo déjalo ser. Eso es lo que el maestro nos dijo que hiciéramos.

Me senté en el suelo, escuché y seguí su consejo. Aproximadamente veinte minutos después de que comenzamos, mi cuerpo comenzó a mecerse de lado a lado, hacia atrás y hacia adelante. Luego, después de un tiempo, mi cuerpo comenzó a girar, primero lentamente, luego más y más rápido. Me asusté y traté de detenerlo. Pero cuanto más intentaba hacerlo más rápido giraba mi cuerpo. Luego volvieron sus palabras: "No importa lo que pase, solo tómalo con calma. No tengas miedo. Cualquier movimiento son movimientos de Qi. Ayudan a abrir los bloqueos en el cuerpo. Son movimientos positivos. Solo sonríe y déjalo ser." Me rendí. Lo dejé ser. Rodé por el suelo hacia atrás y hacia adelante durante unos veinte minutos. Entonces mi cuerpo se aquietó por completo y sentí una gran corriente de energía que surgió de mi Dantian inferior (que está detrás del ombligo hacia adentro) y viajó hacia mi cabeza, bajó a mi lengua, y luego se detuvo. Mi lengua se fue entumeciendo poco a poco. Entonces mi garganta comenzó a hacer ruidos graciosos, y de repente, estallé en carcajadas. Me reí y me reí y me reí, sin parar, muy fuerte. No me podía controlar.

Parecía que mi cuerpo ya no era mi cuerpo. Los músculos de mi estómago comenzaron a doler, pero no pude detenerlo. Esa fue la reacción del Qi. Me reí así durante media hora. Se detuvo gradualmente. No sentí ninguna molestia. Me sentí cómodamente cansado.

Estuve acostado allí en silencio durante unos diez minutos. Luego sentí una sensación curiosa en mis dedos. Era una sensación helada. La sensación de frío helado comenzó desde la punta de los dedos de los pies por ambos lados. Luego, centímetro a centímetro, subió hasta los tobillos, las rodillas, los muslos, el torso, el cuello y la cabeza.

Todo mi cuerpo se puso tan duro y rígido como un pedazo de roca. La única parte de mi cuerpo donde todavía sentía que algo estaba pasando era mi corazón. Me puse nervioso por esto. Quería mover mis dedos. No pude. Quería mover mi pierna. De ninguna manera. Quería mover mi cabeza. Imposible. Mi cuerpo ya no era mi cuerpo. Entonces, recordé las palabras del maestro: "Solo déjalo ser. No te preocupes".

Mi cuerpo permaneció en esa condición durante aproximadamente una hora. Entonces comencé a sentir una sensación de cosquilleo en los dedos de los pies, luego en mis pies y luego en todo mi cuerpo. La sensación era como cuando se acerca la primavera y el hielo del invierno comienza a derretirse bajo el sol, tan lleno de paz, tan hermoso y tan enriquecedor. ¡No solo percibía la sensación en la piel, estaba en el músculo, en los huesos! No hay palabras que puedan describir la belleza interior del Qi que se movía en mi cuerpo.

Entonces pude mover mi cuerpo de nuevo. Mi cuerpo se convirtió de nuevo en mi cuerpo. Estaba tan contento con lo que sentía. Comenzó una sensación de picazón, primero en mi cara, luego en mi cuello, luego en mi espalda, luego en todo mi cuerpo, junto con un gran calor. La sensación era como si estuvieras recostado sobre fuego. Sin embargo la diferencia era que, con el fuego sientes una sensación de ardor en la piel, pero este calor ardía de la médula ósea hacia afuera. Quería rascarme pero no sabía por dónde empezar. Lo sentía en todo mi cuerpo. Era extremadamente incómodo. Parecía como si diez mil arañas treparan por mi cuerpo de adentro hacia afuera. Esto me puso aún más nervioso.

Parecía que el maestro sabía lo que estaba pasando en mi cuerpo. Él dijo: "Si sientes mucho calor y picazón en tu cuerpo, ese es el mejor momento para abrir todos tus canales. Resístelo. Muy posiblemente desarrollarás y abrirás más canales en el cuerpo. Puede que tu tercer ojo se abra. Si te rascas, interrumpirás el Qi. Te podrías tardar diez años más en llegar a donde te encuentras ahora".

Yo lo escuché. Confié en él. Era un maestro extraordinario de Qigong. Tenía educación superior. Había hecho mucha investigación sobre Qigong. Él sabía lo que estaba haciendo. Su maestro era el jefe del Templo Shaolin en ese momento. Así que me entregué de nuevo. Estaba sudando, aguantando todas estas sensaciones insoportables en mi cuerpo.

Esto duró aproximadamente una hora más o menos. Entonces mi cuerpo se calmó. Estaba tranquilo de nuevo. Me sentía muy relajado. Podía ver el cielo y las estrellas con los ojos cerrados. Podía escuchar algunos sonidos a la distancia, pero no sabía qué tipo de sonidos eran. Por un tiempo, pude ver a mis amigos y familiares y muchas otras caras.

En mi cuerpo sentí una brisa que recorría mis huesos. ¡Qué sensación tan hermosa y maravillosa! Me sentí muy feliz. Este tipo de felicidad no es como cuando recibes un regalo de cumpleaños o pasas tu primer examen de manejo. Esta felicidad surgía desde el fondo de mi corazón. Era tan profunda, tan ligera. Era la alegría pura de la vida. Este gozo me ayudó a comprender que la vida es muy hermosa.

Al subir y bajar en el viaje de mi vida llegó la pieza de una bella y poderosa sinfonía. Era tan maravilloso. Ya no te culpas a ti mismo ni a los demás. El amor, la bondad, la compasión y el perdón -olvidados hace mucho- vuelven a ti. Te sientes tan pleno y lleno de significado por dentro.

El taller terminó a las siete y media de la noche. Hice el ejercicio de cierre como el maestro nos guio. Entonces me puse de pie. ¡Había ocurrido un milagro! Mi dolor de rodilla había desaparecido casi por completo. ¡Pude correr y saltar de nuevo! Puedes imaginarte lo feliz que me sentí al descubrir esto. Corrí y salté en el campo de fútbol como un niño. Después de otros dos meses de practicar lo que el maestro de Qigong nos enseñó ese día, ¡todo el dolor en mis rodillas desapareció y desde entonces nunca ha vuelto! Y volví a jugar baloncesto.

Para mí fue como un milagro. Y quería saber más, tanto como pude aprender, sobre este poderoso y maravilloso tipo de Qigong. Si bien no me di cuenta en ese momento, esa experiencia cambiaría mi vida por completo.

Mi bono de curación

Estaba tan emocionado de que el dolor en mis rodillas hubiese desaparecido, que pasaron meses antes de que me diera cuenta de que no solo estaba curado físicamente, sino que estaba curado por completo. La depresión, la ira, el dolor emocional que había sentido durante muchos, muchos años también se habían ido.

Me sentía muy feliz gracias al nuevo tipo de Qigong que estaba practicando. Me convertí en una persona tranquila. Perdoné a todas las personas que me habían lastimado a mí y a mi familia. Me sentí muy solidario y comprensivo con ellos. ¡Esta fue la mayor ventaja que tuve! La verdadera libertad no es física sino espiritual. ¡Obtuve la libertad de mi alma!

Cuando les digo a los alumnos en mis clases que sufrí de depresión, no me creen. Dicen: "Eres tan feliz, tan agradable, tan positivo acerca de todo. ¿Cómo es posible que una persona como tú haya tenido depresión?"

Bueno, aquí va mi historia.

Mi niñez aterradora

Nací en las montañas de China y crecí junto al mar. Mis padres eran mineros. Cuando tenía cinco años, fueron trasladados a trabajar a un puerto en el poblado de Sha Pa, que era una villa de pescadores. Como muchos, mis padres trabajaron para el gobierno. Mi padre fue nombrado gerente de una empresa salinera. La sal era importante en China y la empresa para la que trabajaba mi padre era una de las compañías de sal más grandes de la provincia de Guangdong.

Mi padre tenía un trabajo muy bueno y le pagaban muy bien en aquella época. Pero vivíamos en viviendas del gobierno que eran muy sencillas. Era similar a lo que llaman vivienda social en Estados Unidos. Las casas fueron construidas una al lado de la otra y la calle que las separaba no era mucho más ancha que una acera en Estados Unidos.

Era una casa simple de dos pisos. La planta baja tenía piso de tierra y era principalmente una cocina que compartíamos con la otra familia que vivía en la casa. Arriba había una sala de estar que compartíamos con la otra familia. Teníamos habitaciones separadas. Eran muy pequeñas, del tamaño de un vestidor en Estados Unidos.

Cuando estaba en segundo grado, comenzó la Revolución Cultural. Esta fue una época aterradora y desastrosa en China. Mao, el líder del Partido Comunista del país, quería deshacerse de todas las personas que tenían diferentes opiniones políticas. Él inició la llamada Revolución Cultural.

La gente buena fue a dar a la cárcel. Maestros y profesores fueron forzados a trabajar en la agricultura rural (en realidad usaban las granjas como cárceles para vigilar y controlar a las personas instruidas). Cientos y miles de personas honestas y sabias fueron asesinadas. Las personas ricas, como los terratenientes, eran consideradas como las personas más malvadas del mundo. Todo el país tuvo que sublevarse para "tirarlos al suelo, luego ponerles un pie encima y nunca dejar que se levantaran de nuevo". Eso es lo que nos dijeron los líderes del gobierno.

La Revolución Cultural creó una gran animosidad y división en China y las personas se separaron en diferentes grupos. Cada grupo o facción afirmaba que eran los únicos verdaderamente leales a Mao. Pero tenían creencias diferentes y luchaban entre sí. No importaba si vivían en ciudades grandes o en pueblos pequeños. La gente ya no tenía confianza. Incluso en una familia, los hijos, las hijas y los padres se convirtieron en enemigos de la noche a la mañana. Todo el país estaba en un desastre terrible.

Vivíamos en una pequeña ciudad portuaria y lo mismo

le pasaba a nuestro pueblo. Las escuelas estaban cerradas. Sacaron a todos los maestros de las escuelas y los congregaron para recibir una "reeducación cultural", que simplemente fue un lavado de cerebro. Aquellos maestros buenos ahora eran considerados gente malvada. Diferentes organizaciones se turnaron para atacarlos, criticarlos e insultarlos.

Nunca pude olvidar el hecho de que uno de mis maestros favoritos, que era el director de la escuela, fue sacado de mi clase mientras instruía, por un grupo de jóvenes y golpeado hasta dejarlo henchido de moretones. Su nombre también era Lin. El Sr. Lin era un hombre muy amable y cariñoso. Me horroricé por lo que le hicieron. Dijeron que volverían al día siguiente para darle un castigo aún mayor. Su razón para atacarlo fue que creció en una familia adinerada y fue el director de la escuela. Eso era todo.

Al día siguiente, mientras esperábamos a que llegara nuestro maestro, alguien vino a dar la noticia de que el Sr. Lin se suicidó ahorcándose en su habitación. No sé si realmente se suicidó o fue asesinado por otros. Dejó a dos niños pequeños y su esposa, que también fue nuestra maestra.

En ese momento, mi padre era el jefe de una compañía de sal marina. Vivía donde trabajaba a unas cinco millas de distancia de nosotros y solo venía a casa durante el fin de semana. El Partido Comunista le pidió a la gente que dedicara todo su tiempo y su vida al trabajo. Trabajar para el partido era lo más importante. La gente debía incluso renunciar a su familia cuando el Partido la necesitaba.

Así que mi padre llegaba a casa una vez a la semana, el sábado por la noche, para cenar juntos como familia. Luego, los domingos por la mañana, regresaba al trabajo. Mis dos hermanos, mi hermana y yo, junto con nuestra niñera de sesenta años, vivíamos con nuestra madre. Nuestra niñera era una viuda soltera a quien mis padres querían ayudar. La aceptamos en nuestra casa como si fuera nuestra abuela y ella ayudó cuidándonos cuando nuestros padres no estaban en casa.

El arresto de mi padre

Un sábado por la noche, a finales de otoño, cuando estábamos cenando, un grupo de personas del trabajo de mi padre, armados con palos y armas, entraron en nuestra casa y se llevaron a mi padre. Dijeron que mi padre era el hijo de un terrateniente, una mala persona y que debería ser encarcelado. Ataron las manos de mi padre detrás de él y lo echaron fuera de la casa. Estábamos muy asustados, pero mi padre estaba muy tranquilo. Parecía como si supiera desde tiempo atrás que esto pasaría.

Mi madre lloraba, quería hablar con mi padre, pero no se lo permitieron. No pudimos terminar el resto de la cena. Unos meses más tarde, descubrieron que mi padre no era el hijo de un terrateniente. Una vez, un terrateniente quiso adoptar a mi padre como su hijo, pero mi padre no estuvo de acuerdo. Dejaron a mi padre salir de la cárcel y lo enviaron de vuelta a su trabajo, pero no se le permitió salir del recinto de la empresa y no pudo volver a casa para vernos.

Mientras vigilaban a mi padre todo el tiempo, yo me convertí en el mensajero entre él y mi madre. Ella escribía una nota, la doblaba y la ponía en el fondo de mis zapatos desgastados. Me dijo que si me sentía en peligro, debería buscar un lugar rápidamente, sacar la nota y tragármela sin que nadie se diera cuenta. No debía confiar en ninguna persona. Si no veía a mi padre, simplemente debía volver a casa. Nunca le di las notas a ninguna persona, ni siquiera a mis amigos.

Yo tan solo tenía nueve años. Realmente no entendía lo que estaba pasando, pero vi cosas que ningún niño debe ver a esa edad.

Le prometí a mi madre que haría lo que me pedía. Entonces todos los sábados, después de la escuela -a las tres de la tarde- caminaba cinco millas a través de la represa larga de la bahía para ver a mi padre. No hablaba con nadie. Un par de veces sentí que alguien me venía a buscar, así que rápidamente me metí en un baño, saqué la nota y me la tragué.

No siempre podía ver a mi padre. En aquellas ocasiones me daba la vuelta y volvía a casa. Cuando le entregaba la nota, mi padre la leía y luego la quemaba. Él contestaba y ponía esa nota en mis zapatos gastados. Me advertía de nuevo, diciéndome las mismas palabras que usaba mi madre. Cada vez, por las reacciones en los rostros de mis padres, podía sentir lo que estaba pasando. Esto me hacía sentir mucho miedo.

Después de la Revolución Cultural, cuando estaba en la universidad, mi padre me dijo que quiso suicidarse varias veces, cuando hombres armados lo atraparon y le apuntaron con una pistola. Le ordenaban que dijera que una persona que conocía o con la que trabajaba había dicho algo que no era a favor de los comunistas. Mi padre sabía lo que les pasaría a esas personas y se negó a inventar historias que acabarían en arrestos. Eso hacía que los hombres armados se pusieran furiosos y amenazaban con matar a mi padre. Disparaban sus armas y le exigían que hiciera lo que se le ordenaba. Nunca le dispararon a mi padre, pero esto era aterrador. Me dijo que en cierta ocasión, lloró toda la noche en silencio en su cama con la manta que cubría sus sollozos. Si alguien lo hubiera oído llorar le habría traído más problemas.

Muchas veces mi padre llegó al punto en que pensó que ya no podía más. En esos momentos realmente quería acabar con su vida. Pero cada vez, dijo, escuchó que mi voz lo llamaba. Por lo tanto, aguantaba otro día más.

Abandonado y perseguido

En aquel entonces mi madre trabajaba en la oficina del gobierno local a cargo de los programas para mujeres. Trabajaba muy duro y llegaba a casa muy tarde casi todos los días. Transcurrió medio año; y a mi padre todavía no le permitían volver a casa para vernos.

Luego, una tarde lluviosa de invierno, nuestra madre no regresó a casa del trabajo. Dieron las siete y aún no habíamos visto a nuestra madre. Luego dieron las nueve y aún no sabíamos cuándo llegaría a casa. Fui a la oficina donde trabajaba, pero la oficina estaba cerrada. No había nadie allí.

Nos fuimos a la cama. Nuestra niñera no durmió. Se mantuvo sentada frente a nuestra cama toda la noche. En ese momento no teníamos demasiado espacio para vivir. Cuatro niños dormían en una cama. Llegó la mañana. Todavía no teníamos noticias sobre nuestra madre. El día pasó sin que supiéramos nada. Nuestra niñera preguntó a todas las personas que conocíamos. Nadie nos dijo nada. Pasaron tres días. Todavía sin noticias. No sabíamos lo que había pasado.

Nuestra niñera seguía inventando historias para consolarnos. Hasta que una tarde, cuando jugábamos en casa, de repente, un grupo de personas abrió la puerta de un golpe. La líder era buena amiga de mis padres. Una vez, cuando estaba muy enferma, mi madre le dio todo el dinero que tenía para que fuera al médico y la ayudó a salvar su vida. Ese día, esta misma mujer con sus hermanos y hermanas se paró frente a nosotros como un monstruo con un pico de hierro en la mano, gritando: "Tu maldita madre escapó. No podemos encontrarla. Si la encontramos, la mataremos. Si sabes dónde está, debes informarnos. O te matamos también. ¡¿Entiendes?!" Se fueron en seguida.

Actuaron de esta manera porque ellas creían que así evidenciaban su lealtad a Mao y a los comunistas. Al etiquetar a otros como enemigos del estado y perseguirlos, pensaban que serían honrados como héroes por su facción. Era una locura.

Regresaron a los cinco minutos. Dijeron que éramos hijos de gente mala. Y que no deberíamos tener una casa para vivir. Que debíamos vivir en la calle. Nos ordenaron salir de la casa. Mi niñera no era una mujer educada, pero era inteligente. Antes de que nos forzaran a salir, ella fue lo suficientemente rápida como para agarrar una manta y un paraguas.

Vimos como atrancaban nuestra pequeña casa. El viento soplaba con frio y lluvia de la tarde. Cuatro niños pequeños y una mujer de sesenta años caminamos bajo la lluvia por nuestra calle estrecha para tratar de encontrar un refugio. Encontramos la casa de un amigo. Él fue lo suficientemente amable y valiente como para permitir que nos quedarnos esa noche. Pero a las seis de la mañana siguiente, el mismo grupo nos encontró. Nos sacaron de la casa y le advirtieron a nuestro amigo que quien se atreviera a acogernos se iba a quedar sin hogar como nosotros.

Una vez más estábamos en la calle. Estuvimos tres días en la calle sin comida. Nadie se atrevió a acogernos o a darnos algo de comer. Cuando pasábamos sed íbamos a un pozo a buscar algo de agua o tomábamos lluvia que caía del techo. Seguimos preguntando a nuestra niñera dónde estaban nuestra madre y nuestro padre y cuándo vendrían a buscarnos y a conseguir pan para nosotros. Ella siempre inventaba una historia muy prometedora para mantener callados a nuestros rugientes estómagos. A veces nos pedía que nos imagináramos masticando un gran trozo de alitas de pollo. A veces nos contaba una historia graciosa y nos hacía reír. Ahora, cuando pienso en ese momento, realmente no sé qué nos habría pasado sin nuestra niñera. Ella era nuestro ángel.

Yo solo tenía nueve años. Mi hermana tenía ocho años. Mis dos hermanos tenían seis y cuatro años. Una vez mi hermano de cuatro años estaba tan hambriento que cuando vio un pedazo de basura de caña de azúcar en el suelo, rápidamente lo agarró y se lo puso en la boca. Le dije en voz alta: "¡Está sucio! ¡Tíralo!" Me miró con sus pequeños dedos sucios en la boca, rogándome: "Tengo mucha... hambre. Por favor..." Me volteé mientras él se lo comía.

Llegó la tercera noche. Esa noche, mientras nos acurrucábamos en la calle, estalló un tiroteo entre dos facciones diferentes. Podíamos escuchar las balas volando sobre nuestras cabezas. Las balas volaban por todas partes. A nuestro alrededor habían bombas estallando. Hubieron explosiones por todas partes. Teníamos mucho miedo.

Corríamos de una puerta a la otra, tratando desesperadamente de encontrar un lugar seguro para escondernos. Encontramos la casa de nuestro mejor amigo. Abrieron un poco la puerta. Tan pronto como nos vieron, dijeron: "No los conocemos. ¡Váyanse, váyanse, váyanse!" Y entonces cerraron la puerta con fuerza.

Mis hermanos y hermanas seguían preguntando a nuestra niñera por qué estas personas mentían y no nos dejaban entrar. Ella no dijo una palabra, solo nos pidió que estuviéramos callados y nos llevó lejos tan rápido como pudo.

Durante las riñas de esa noche un mortero explotó en la casa donde morábamos días antes. Explotó justo en nuestra habitación. Así que, en cierto sentido, tuvimos suerte. Si no hubiéramos sido expulsados de nuestra casa, todos habríamos muerto. Así que creo que Dios nos ayudó.

Esa noche todos estábamos acurrucados en la puerta de una casa temblando de miedo, cuando se abrió la puerta y salió una anciana. La reconocimos de inmediato. Era una dama terrateniente y nos asustamos aún más.

En esa época en China un terrateniente -alguien que era dueño de una propiedad- era considerado como un malvado. De hecho, un propietario era considerado el más malvado de toda la gente. Durante la Revolución Cultural, se dijo al país que todo pertenecía al estado, al gobierno. Nos enseñaron que todas las cosas buenas venían del gobierno y que era deber de todos apoyar al gobierno. Todas las propiedades finalmente fueron incautadas por el gobierno. A nadie se le permitía poseer nada. A nadie se le permitía ser un individuo o pensar por sí mismo.

Un terrateniente era considerado un enemigo del estado y debía ser odiado. Si un terrateniente caminaba por las calles, la gente les tiraba piedras y basura. Es difícil de entender para alguien que no lo vivió. Pero en ese momento un terrateniente era considerado un demonio. Así que cuando reconocimos que esta mujer era una terrateniente temíamos que nos hiciera cosas terribles. Salté detrás de nuestra niñera para esconderme.

Por supuesto, esta anciana no era un demonio. De hecho, resultó ser nuestra salvadora. Nos miró y dijo: "Oh, pobrecitos niños. Sé que la gente dice que soy malvada, pero no les haré daño. Con todo este pleito es muy peligroso que anden afuera. Por favor pasen. Estarán a salvo."

Así que entramos en su casa. Le dijimos que no teníamos agua ni comida y que no habíamos comido en días. Ella dijo: "Pobres niños". Fue a hervir un poco de agua e hizo arroz para que comiéramos. Hizo dos kilos de arroz con una gota de aceite de cacahuate. Era algo increíblemente generoso de su parte. En ese entonces dos kilos de arroz eran muy costosos. Dos kilos era el suministro de arroz de una persona durante un mes entero.

Nos devoramos el arroz. Estuvo tan rico. Hasta el día de hoy, cuando mis hermanos, mi hermana y yo nos reunimos, recordamos que esa es la mejor comida que hemos tenido. Después de comer, estábamos tan cansados que solo queríamos dormir. La dueña nos invitó a quedarnos con ella y ya nos íbamos a dormir cuando alguien comenzó a golpear su puerta. De repente, volvimos a tener miedo.

Nuestra niñera y mis dos hermanitos se escondieron en un montón de heno. El heno se usaba para cocinar fogatas. Mi hermana y yo corrimos hacia el almacén de la parte trasera de la casa. Había una gran pila de vigas de madera en el piso, vigas largas, usadas para sostener el techo de una casa. Las vigas estaban allí para hacer reparaciones. No estaban amontonadas. Estaban en una pila y había un pequeño espacio abierto en medio. Gateamos hacia el interior y esperamos escondidos allí.

Las vigas estaban apiladas detrás de lo que resultó ser un ataúd. En esa época en China, no era inusual que las personas mayores conservaran el ataúd en el que serían enterradas dentro de su hogar. Nos escondimos detrás del ataúd de la casera.

La anciana se dirigió a la puerta y fue recibida por un grupo de personas armadas con pistolas y palos. Un hombre tenía un pico. Se abrieron paso y gritaron: "¿Dónde están los niños?" Usaron el nombre de mi padre y exigieron saber dónde estaban sus hijos. Dijeron que habían visto a sus hijos acurrucados en su puerta y luego simplemente desaparecieron.

Ella dijo: "Bueno, como saben, soy la terrateniente. Soy conocida por ser una persona malvada. ¿Quién vendría a mi casa? Pueden buscarlos si quieren. Estoy vieja. Ya tengo mi ataúd y pronto moriré."

Entonces buscaron pero no nos encontraron. Antes de irse le advirtieron a la terrateniente que si se enteraban de que estaba mintiendo volverían para buscarla.

Esta terrible y malvada persona, esta enemiga del estado, esta terrateniente, salvó nuestras vidas y arriesgó su propia vida para salvarnos. Yo tenía apenas nueve años y mi visión del mundo estaba totalmente trastornada por estos eventos.

Todos nuestros buenos amigos, personas que creía que nos querían y se preocupaban por nosotros, nos habían traicionado. Nos dieron la espalda y prácticamente nos arrojaron a los lobos. Sin embargo, este horrible y malvado monstruo, esta terrateniente, arriesgó todo para protegernos. Debido a esto, el concepto de las cosas buenas y malas, el bien y el mal se destruyó por completo en mi mente.

La terrateniente protegía a muchas personas. Aún no le habían quitado su propiedad y ella tenía una casa grande. Durante el tiempo que estuvimos con ella escondió a más de treinta personas en su casa. Muchos de ellos se escondieron en la parte trasera de la casa, que en realidad era un cobertizo de almacenamiento o un granero donde se guardaban los animales.

Nuestro escape

Con el tiempo, a mi padre le dieron un poco de libertad y le permitieron abandonar el recinto de su compañía. Una vez fuera, se dirigió a una ciudad ubicada al otro lado de la gran bahía donde vivíamos. Esa ciudad estaba controlada por una facción diferente a la nuestra. La compañía de producción de sal que mi padre había dirigido una vez ahora operaba en ese lado del puerto. Mi madre también escapó y se dirigió a la misma ciudad.

Para entonces, el gobierno había enviado órdenes para que las distintas facciones detuvieran su lucha. Varias veces se convocó una tregua, pero la mayoría duró poco antes de que se reanudaran más combates. En nuestra ciudad, convocaron una tregua de un día para que las personas consiguieran comida.

Mi padre era un hombre muy bueno y siempre había ayudado a la gente. Dio la mayor parte del dinero que ganó para ayudar a otras personas. Nuestra familia vivía principalmente de lo que ganaba mi madre.

Después de que a mi padre se le permitió cierta libertad de movimiento, algunas de las personas a las que había ayudado, personas pobres que no tenían nada, le prometieron hacer todo lo posible para encontrar a sus hijos. Aunque la situación en China comenzaba a mejorar, aún era muy peligroso que estas personas regresaran a nuestro pueblo, pero lo hicieron. Regresaron y arriesgaron sus vidas para encontrarnos.

Finalmente se enteraron de que nos alojábamos en la casa de la terrateniente. Una noche un hombre que no conocíamos nos vino a ver. Al principio no confiábamos en él, pero luego nos mostró una carta que mi padre nos había escrito. Mi padre era fumador y tenía una marca favorita de tabaco. Tenía una marca comercial que parecía un tren y la nota de mi padre estaba escrita en esta marca. Entonces, supimos que podíamos confiar en este hombre. (Mi padre finalmente dejó de fumar y beber cuando tenía sesenta y cinco años, después de que comenzó a practicar el Qigong que le enseñé. Yo estaba muy orgulloso de él por hacerlo).

Hicimos un plan para escapar y dirigirnos al otro lado del puerto para estar a salvo. Lo hicimos de esta forma. A la mañana siguiente muy temprano, mi hermana y yo salimos juntos de la casa de la terrateniente. Si al mediodía no hubiera noticias de que habíamos sido capturados, entonces nuestra niñera y mis dos hermanos se irían. Pero seguirían una ruta diferente.

Mi hermana y yo nos vestimos con harapos esa mañana para que pareciéramos mendigos a medida que avanzáramos por las calles. Esperamos en el interior junto a la puerta principal a que llegara el amigo de nuestro padre. Entonces oímos un golpeteo especial. Era nuestra señal para salir. Abrimos la puerta un poco y vimos al hombre parado allí. Se dio la vuelta y se alejó, y lo seguimos a la distancia tal como lo habíamos planeado.

Nos condujo por una rotonda que serpenteaba por las calles secundarias de Sha Pa, cuidando permanecer tan ocultos como pudimos y sin perder de vista a nuestro guía. Necesitábamos llegar a una casa al otro lado de la ciudad donde todavía vivía un pariente de uno de los amigos de mi padre. Les habían dicho que nos esperaran a cierta hora. En ese momento, debían abrir levemente la puerta principal. Teníamos que correr rápidamente al interior de la casa e inmediatamente cerrar la puerta. Entonces, nos escoltarían por la parte de atrás y hacia un bote.

Para llegar a la casa, tuvimos que cruzar la calle principal del pueblo. Tuvimos que pasar por un fuerte que estaba justo en medio de la cuadra. Al llegar a ese punto, dos hombres armados nos vieron. Uno de ellos me reconoció y gritó: "Eres el hijo de Shu Jin. Te voy a matar." Shu Jin es el nombre de mi madre.

El hombre tomó su ametralladora y la apuntó directamente hacia mí. Mi hermana, que estaba muy asustada, me sostuvo el brazo con fuerza. No sé por qué, pero en ese momento yo no tenía miedo en absoluto. Me quedé allí y miré al hombre.

Antes de que pudiera apretar el gatillo, el otro hombre lo detuvo. Puso la mano sobre la ametralladora y la apartó. Él dijo: "Ellos sólo son niños. Estamos buscando a sus padres, no a ellos. Déjalos ir."

Los dos hombres discutieron, y el hombre bueno nos indicó que corriéramos. ¡Vaya que corrimos! Al cruzar la calle y doblar la esquina, la casa a la que íbamos estaba allí. Vimos la puerta con la pequeña marca roja que nos dijeron que buscáramos. La puerta estaba abierta solo un poco, nos lanzamos hacia dentro y cerramos la puerta. Un hombre nos estaba esperando, corrimos atravesando la casa y salimos por la puerta de atrás hacia un campo de caña de azúcar.

Nos escondimos entre los tallos de caña y luego nos dirigimos a través del campo hacia el agua donde otro amigo de mi padre nos esperaba en un bote. Después de intercambiar las contraseñas, cruzamos en bote por la bahía grande hacia la zona segura. El bote era pequeño y la bahía traicionera. Era muy grande, más grande que la bahía de San Francisco. El viento soplaba fuerte, las olas golpeaban y las corrientes eran traicioneras. Fue un largo día. Salimos de la casa de la terrateniente antes de las seis de la mañana y llegamos finalmente al otro lado de la bahía ya pasada la tarde.

Al llegar allí, vimos desde la distancia que mi padre nos esperaba con gran dolor en su rostro. Corrimos hacia él gritando "Papi, papi, papi..." Nos abrazamos llorando a todo pulmón. Todos a nuestro alrededor lloraron con nosotros. Después de tantos días y noches viviendo con miedo y hambre, en las calles y escondidos, ahora finalmente recuperamos nuestra libertad y pudimos ver a nuestro padre. Llorar era lo único que podía mostrar nuestros sentimientos.

Lloramos y lloramos en medio del camino. El viento invernal del mar soplaba con fuerza. Hacía mucho frío pero ni siquiera lo sentimos. Nuestro padre nos abrazó y nosotros estrechamos a nuestro padre. Lloramos juntos. No sé por cuánto tiempo lloramos.

Con lágrimas corriendo por su rostro, una amiga vino con un poco de pan al vapor y nos lo dio. Tomamos el pan, aún sollozando, y nos pusimos el pan en la boca. Durante aquellos días y noches en la calle, a menudo mi niñera nos consolaba diciendo: "Una vez que lleguemos a la casa de su padre, no sentiremos hambre." Era cierto. Ahora teníamos el pan que habíamos soñado durante muchos días y noches en nuestras manitas sucias. Fue maravilloso.

Mi madre no estaba allí esperándonos porque mi niñera y mis hermanos tuvieron mejor suerte en su escape -habían llegado dos horas antes- y mi madre los cuidaba en el dormitorio de mi padre.

Después de la cena, nos lavamos y enseguida nos fuimos a la cama. Cuatro niños, junto con nuestra niñera, dormían en la pequeña cama doble de mi padre. Colocamos un banco para sostener nuestras piernas. Mi madre y mi padre regresaron tarde y se sentaron a hablar cara a cara. No pude recordar exactamente lo que discutieron. Pero entendí lo que decían. No era seguro para nosotros quedarnos allí con ellos. Decidieron enviarnos al campo donde vivía mi abuela materna.

No durmieron en toda la noche. Al día siguiente, nos pidieron que guardáramos silencio sobre lo que íbamos a hacer. Cuando llegó la noche, estaba lloviendo otra vez. Cuando todos dormían mis padres nos llevaron a un bote. Un amigo nos estaba esperando. Subimos a la barca con nuestra niñera. Estábamos dejando a nuestros padres para ir a casa de la abuela, que estaba a unos seiscientos kilómetros de distancia.

Era una noche muy oscura. El viento invernal soplaba con fuerza. El bote no estaba en buen estado. Era pequeño, no mucho más grande que una canoa. Tenía remos y una pequeña vela. Era viejo y estaba destrozado y el agua entraba desde el fondo sin parar. Llovía fuerte. Las olas eran altas y el bote estuvo a punto de volcarse varias veces. Pero teníamos un piloto muy hábil. Sentada a mitad del pequeño bote, nuestra niñera sostuvo a mi hermana y a mis dos hermanos temblorosos en sus brazos. Yo ayudé a sacar agua del bote. Nunca dejé de sacar agua con mi cubeta pequeña durante todo el viaje. El pequeño bote luchó en el mar agitado durante toda la noche.

Varias veces vi la expresión en la cara del conductor que significaba que las cosas no estaban bien. No pude hacer nada más que esforzarme para mantener el agua fuera del bote, nuestro bote salvavidas que mantenía toda nuestra vida y esperanza. Las olas eran muy grandes y el bote muy pequeño. Incluso ahora, cuando pienso en ese viaje, no puedo creer cómo sobrevivimos esa noche. ¿Y de dónde obtuve el poder siendo un niño pequeño de nueve años para trabajar nueve horas sacando agua del bote? La única respuesta, una vez más, fue que Dios estaba con nosotros.

A la mañana siguiente por fin llegamos temprano al otro lado del mar. El piloto le pidió a nuestra niñera que nunca le dijera a nadie que él había sido el piloto y que nos sacaran del pueblo de inmediato. Al día de hoy todavía no sé quién era aquel piloto. Siempre he querido agradecerle.

Salimos del bote y caminamos con nuestra niñera ocho kilómetros a la estación de autobuses. Tomamos un autobús hacia donde vivía la abuela. Finalmente habíamos llegado al campo y a la seguridad.

Vivimos con mi abuela durante más de un año antes de que mis padres determinaran que era seguro para nosotros ir a vivir con ellos. Para ese entonces, lo peor de la Revolución Cultural había terminado. Se había restablecido algo de paz, pero aún había mucha ira y odio y a veces también violencia.

Después de la Revolución Cultural yo ya no confiaba en la gente. Los llamados buenos amigos acabaron siendo quienes querían quitarte la vida. Las llamadas personas malvadas resultaron ser tus ángeles. ¡Qué mundo al revés! Ni siquiera confié en mis padres. En mi mente, mi madre simplemente había abandonado a sus cuatro bananitas.

Pasaron años antes de que conociera toda la historia. Gracias a una de las amigas de mi madre supe que mi madre y sus compañeros de trabajo se enteraron de que aquel día un grupo de una facción comunista venía a capturarlos a todos. Si hubieran sido capturados probablemente habrían sido asesinados. Entonces todos se escaparon. No había tiempo para que mi madre nos enviara un mensaje. Y sabía que nos habría puesto en un peligro aún mayor si regresaba a casa aquel día.

Mi madre y los otros dos compañeros de su oficina se ocultaron de inmediato a una tienda departamental. Se escondieron allí durante tres días antes de escapar de la ciudad al lugar donde estaba mi padre. Diez minutos después de que huyeron, otro compañero de trabajo, que todavía estaba en la oficina, fue capturado. Lo golpearon y llenaron de moretones y vomitaba sangre. Luego le pusieron cal apagada en sus heridas dejándolo incapacitado por el resto de su vida. Si mi madre hubiera sido atrapada, habría sufrido un destino similar. Cuando supe esto me arrepentí de haber odiado a mi madre por lo que había hecho.

Curación en el campo

En el campo, mientras viví con mi abuela, aprendí mucho de ella y de otras personas de su aldea sobre las hierbas curativas y las manos sanadoras. Muy a menudo, cuando las personas en el pueblo tenían un nódulo en el cuello, en el pecho o en algún otro lugar del cuerpo, acudían a la casa de mi abuela. Ella usaba sus manos y aceite para masajear y manipular el área. Con frecuencia al día siguiente el nódulo había desaparecido por completo.

Un día me torcí el tobillo, me dolió bastante y se inflamó mucho. La vecina de mi abuela vino y les pidió a todas las damas de la casa que se cortaran el cabello. Ella derritió el cabello en aceite de cacahuate hirviendo. Luego, al enfriar el aceite, me masajeó el tobillo con él. Al día siguiente estaba corriendo en el campo de nuevo con mis amigos.

Conocí a un sanador del campo que usaba una aguja común para pinchar los párpados de una persona para curar un problema en el pecho que se consideraba incurable. Conocí a una señora en el mercado de agricultores que podía saber qué tipo de problemas internos tenía una persona con solo mirarles las uñas. También conocí a un sanador que usaba un tipo de planta venenosa y potencialmente mortal, cocinada con grasa de cerdo, para curar los problemas de la piel de manera segura y por completo.

Siempre admiré a estos curanderos que podían realizar tales milagros y deseé que algún día yo también pudiera convertirme en un sanador. Ese año y medio en el campo fue la única vez que me sentí seguro y protegido hasta que fui mucho mayor. Viví con gente maravillosa. Aprendí a pescar y a criar pollos y gansos. Aprendí a montar un búfalo de agua. Fui un niño otra vez.

Todo fue bueno y maravilloso hasta el día en que uno de mis tíos fue arrestado. Algunos funcionarios del gobierno local vinieron y lo aprehendieron mientras trabajaba en los campos. Él no tenía idea de por qué se lo estaban llevando. Lo acusaron de ser contrarrevolucionario, pero él no había hecho nada malo. Lo llevaron al mercado de agricultores donde lo enterrarían vivo en público.

Mi abuela no nos dejó ir para ver qué pasaba. Ella tenía un dolor profundo. Esa noche todos los familiares vinieron a su casa. Se sentaron juntos en un círculo. Los hombres fumaban y las mujeres sollozaban. Pero nadie dijo nada. Me senté tranquilo en un rincón con mi hermana y observé. Al día siguiente la hija de mi tío me contó lo sucedido.

Cuando ella llegó al mercado de agricultores su padre ya estaba enterrado hasta el pecho. Ella se enteró de que su "crimen" era que él había sido dueño de un búfalo de agua unos veinte años antes, antes de que los comunistas se hicieran cargo, y lo había usado para arar los campos mientras que otros en su pueblo no tenían búfalos de agua. Según estos funcionarios, eso lo convirtió en un "propietario" y todos los propietarios debían ser condenados y enviados al infierno.

Mi prima trató de darle algo de comer a su padre, pero él no podía abrir la boca. Tampoco podía hablar. Ni siquiera podía tomar un sorbo de agua. Ella le preguntó si quería decirle algo a su madre. Simplemente sacudió la cabeza y cerró los ojos. Entonces, uno de los funcionarios del gobierno caminó detrás de él, la empujó y le disparó en la cabeza a mi tío con una ametralladora.

Mi tío era un granjero común y corriente, sin educación, trabajador y honesto. Nunca desafió al gobierno. Siempre fue muy obediente. ¿Cómo podría una persona así ser contrarrevolucionaria? No había hecho nada malo. No le hicieron ningún juicio. Solo fue torturado y asesinado.

Después de este evento mi vida dejó de ser placentera. Tenía que estar todo el tiempo en guardia. Cada vez que la gente se me acercaba y preguntaba algo sobre mi familia, tenía que tener cuidado con lo que decía. Vivíamos en un miedo constante. Vivíamos en el infierno.

La vida como un "indeseable"

Después de un tiempo regresamos a nuestra antigua ciudad natal de Sha Pa y vivimos con nuestros padres. A mis padres todavía se les consideraba "sospechosos" por las facciones comunistas y no se les permitía regresar a sus trabajos anteriores. Cada vez que alguna organización comunista los requería, mis padres tenían que ir a donde se les ordenaba para recibir críticas públicas.

Todo el pueblo menospreciaba a nuestra familia. Ninguno de los otros niños jugaba con nosotros. Dondequiera que íbamos estaba permitido que los otros niños nos golpearan e insultaran como quisieran. No se nos permitía defendernos de ninguna manera. Nuestros padres nos advirtieron que contraatacar solo empeoraría las cosas. Así que simplemente dejamos que así pasara. Teníamos permiso de ir a la escuela pero a menudo llegaba a casa con la mochila rota, la ropa rota y moretones en los brazos o en la cara.

Las escuelas no eran modernas, nada como las escuelas en los Estados Unidos. Nos sentamos en unos largos bancos en mesas que no eran más que tablas largas colocadas en postes de apoyo. Las tablas ni siquiera estaban unidas, lo cual era muy doloroso para mí.

Sucedió que un día en la escuela, mientras los otros niños jugaban durante un descanso, como de costumbre, me quedé en el aula a estudiar. No tenía nada más que hacer. Estaba sentado en mi mesa haciendo mi trabajo cuando un grupo de niños, algunos frente a mí y otros detrás de mí, chocaron los dos tableros de la mesa y me atraparon en el medio. Fui gravemente herido por esto.

También fue la gota que derramó el vaso. Ya no podía soportar el abuso, así que esta vez contraataqué. Golpeé a uno de los niños en el ojo. Esa noche, la madre del niño lo trajo a mi casa. Ella le gritó a mi madre y a mí. Ella dijo que mi madre era una "madre demoníaca" que crió a un "niño demonio" que mataba a los niños de personas buenas.

Ella le exigió a mi madre que pagara los medicamentos para tratar las lesiones de su hijo. Todo lo que tenía eran algunos golpes y moretones, nada comparado con lo que me habían hecho. Pero esa mujer se quedó allí gritando y exigiendo a mi madre que le pagara cinco yuanes chinos. Era una suma exorbitante. Ocho yuanes era dinero suficiente para alimentar a una persona durante un mes entero. Mi madre, por supuesto, se quedó pasmada.

Yo no le había contado a mi madre lo que había sucedido. Ella no sabía lo que estaba pasando. Se enojó tanto que me agarró y me dio un buen golpe. No lloré en absoluto. Solo apreté los puños con fuerza y lo recibí.

Más tarde, cuando mi niñera me ayudó a lavar y a cambiar mi ropa para ir a la cama, encontró enormes moretones en la espalda y el pecho. Ella me preguntó qué había pasado. Entonces le dije la verdad. Al día siguiente mi madre me llevó a ver a un médico. El médico dijo que tenía graves heridas internas. Entonces mi madre sintió mucha pena. Me apretó fuerte contra su pecho y lloró y lloró. Yo sufrí a causa de esas lesiones por muchos, muchos años.

A pesar de ese incidente me dejaron continuar en la escuela y cursar la secundaria. Los insultos y los abusos nunca cesaron. Muchas personas todavía me consideraban un "niño demonio". Estaba enfurecido por dentro, pero me enfoqué en mi trabajo. Siempre obtuve las calificaciones más altas en la escuela e incluso me nombraron líder del salón.

Siendo chico escuché historias sobre maestros de Qigong y curaciones milagrosas. Amaba esas historias y deseé que un día pudiera convertirme en un sanador así. Durante la Revolución Cultural, nadie enseñó abiertamente el Qigong. El gobierno sancionó al Qigong y cualquiera que fuera sorprendido enseñando o practicando Qigong habría sido arrestado. Tenía muchas ganas de aprender y finalmente encontré a mi primer maestro.

Al comenzar la secundaria conocí a un hombre que era maestro de Qigong. El aceptó enseñarme en secreto. La Revolución Cultural había terminado, pero aún era peligroso para cualquiera enseñar o practicar cualquier cosa que fuera sancionada por el Presidente Mao y el gobierno comunista. Mi maestro me enseñó algunos movimientos y meditaciones de Qigong muy básicos. También me enseñó Kung Fu y Tai Chi. Realmente lo disfrutaba, especialmente el Qigong. Descubrí que cuando hacía la parte de Qigong, me sentía muy tranquilo. Me sentí tan bien al respecto que cada vez que me sentía mal, hacía Qigong. Siempre me hizo sentir mejor. No entendía el por qué, y no aprendería el verdadero poder del Qigong hasta muchos años más tarde.

Después de la secundaria muchos estudiantes como yo fueron enviados a vivir al campo para trabajar como agricultores. El presidente Mao dijo que estábamos "llamados a servir a nuestro país". No nos "llamaron", nos forzaron a ir. Nos obligaron los soldados.

Nos dijeron que la gente del campo nos daría una "cálida bienvenida", pero no fue así. Ellos no nos querían allí. Era un lugar pobre, solitario y montañoso. Las personas no tenían suficiente tierra para cultivar alimentos para sí mismas. Ahora se vieron obligadas a recibir a ciento setenta y cinco jóvenes más. Eso significaba que tenían que renunciar a parte de su propia tierra para ayudarnos a sobrevivir. Así que tuvimos conflictos. Nos daban lo peor de todo.

Pronto, el gobierno local nos llevó a un lugar que era peor aún. La tierra no había sido despejada. Ni siquiera había lugar para cultivar. Trabajamos como esclavos, dieciséis horas al día, abriendo la tierra para la agricultura. Construimos nuestros propios refugios en donde vivir.

Creamos los sembradíos para cultivar arroz, pero no había agua cerca. Entonces llevamos el agua a los arrozales en grandes jarrones de madera. El agua más cercana estaba a un kilómetro y medio de distancia. Cuando el suministro se agotó, el siguiente suministro de agua se encontraba a tres kilómetros. Llevamos miles y miles de galones de agua. Sin embargo, la tierra era tan pobre que no importaba cuánto trabajáramos, no lográbamos cultivar suficiente comida para alimentarnos. Algunas de las chicas se convirtieron en prostitutas para sobrevivir. Si se les descubría, se les castigaba severamente. Muchos de los jóvenes casi murieron de hambre.

Para poder sobrevivir, arriesgué mi vida atrapando serpientes venenosas vendiéndolas en el mercado agrícola. Las serpientes venenosas se usaban para hacer medicina y tenían un precio bastante bueno. Descubrí que si podía atrapar tres o cuatro serpientes al mes podría ganar suficiente dinero para comer.

Cuando hacía calor, recién iniciada la tarde, tomaba un palo de bambú, me escabullía hacia el valle cerca del arroyo y buscaba serpientes. Me quitaba los pantalones, ataba nudos en las piernas y los usaba como una bolsa para sostener a las serpientes. Luego, muy temprano a la mañana siguiente, las llevaba al mercado a vender.

A menudo me escapaba por la noche para estar a solas y así practicar mi Qigong. De alguna manera siempre me hacía sentir mejor. Me ayudaba a seguir adelante.

Como el trabajo era muy duro, sufrí muchas lesiones y enfermedades en el campo. Una vez, transportábamos madera, cargas muy pesadas, que debíamos transportar por kilómetros. Dos de nosotros cargábamos un enorme tronco por un sendero de la montaña a través de un bosque denso. El tronco probablemente medía 6 metros de largo y pesaba al menos 200 kilos. Lo cargamos entre dos hombros en nuestros hombros: uno en el extremo delantero y el otro en el extremo posterior. Yo era el que lo cargaba al frente.

El chico detrás de mí, que solo un adolescente como yo, tropezó y cayó dejando caer su extremo del tronco. Como el chico no tuvo tiempo para advertirme, todo el peso del tronco cayó sobre mi cuello, hombros y espalda aplastándome contra el suelo. Fue increíble que no muriera. Mi espalda estaba tan gravemente herida que estuve en cama durante dos meses. A partir de ese momento, sentía un dolor constante en mi espalda. Mis pies también sentían un dolor constante. Tuve una infección en los ojos. Era una vida miserable.

Pero durante esos años también aprendí mucho sobre la medicina tradicional china. Aprendí más sobre cómo usar la medicina herbal y la acupuntura. Este era el único tipo de atención médica que tenían los campesinos. Les sirvió bien. Eso, mi Qigong y las serpientes venenosas que vendía a cambio de comida eran lo que me mantenía vivo.

Volver a la normalidad

Después de que el Presidente Mao murió y la "Banda de los Cuatro" fue expulsada del poder, Deng Tsao-ping se convirtió en el hombre más poderoso de China. Todos los chinos están muy agradecidos con él por los cambios positivos que hizo. Los días oscuros y terribles de la Revolución Cultural finalmente habían terminado. Poco a poco China comenzó a convertirse en un país moderno.

Reabrieron los colegios y universidades. A los jóvenes como yo se les permitió salir del campo y regresar a nuestras casas. Incluso me permitieron presentar el primer examen de ingreso a la universidad; lo cual fue un milagro. Me fue bien en el examen, pero no pude ir a la universidad en ese momento. No tenía parientes ni contactos que pudieran ayudarme. Y todavía tenía el legado de ser hijo de "personas malas" y eso me seguía perjudicando.

Un joven que había sido muy buen amigo mío, o eso pensaba, de repente se puso muy celoso y se volvió contra mí. Estaba muy enojado porque me permitieron presentar el examen de ingreso a la universidad y a él no. Entonces fue al gobierno del condado para hacer falsas acusaciones en mi contra, diciendo que era una mala persona. Debido a eso, a pesar de mis calificaciones en los exámenes, me negaron la oportunidad de comenzar la universidad.

De nuevo sufrí el daño por las mentiras de alguien más; alguien que yo pensaba que era mi amigo fiel. Nos conocíamos desde hacía muchos años y trabajamos lado a lado en el campo. Muchas veces acudí en su ayuda y siempre compartí lo poco que tenía con él cuando lo necesitaba. No podía creer que me hiciera tal cosa. Esto solo sirvió para aumentar mi enojo y desconfianza hacia las personas.

No era mi culpa que mi amigo no pudiera ir a la universidad. Era la ley. Él ya estaba casado y el gobierno había dictaminado que los hombres casados no podían asistir a la universidad. Mi amigo no pudo sacar su enojo y frustración contra el gobierno, así que lo hizo conmigo.

Al año siguiente el gobierno central envió órdenes de que todos los jóvenes regresaran a sus lugares de origen y así lo hice. Tuve que presentar de nuevo el examen de ingreso a la universidad y finalmente me permitieron asistir a la universidad. Al menos en la superficie mi vida comenzó a mejorar.

Después de todo lo que había pasado era un joven deprimido y enojado. No quería hablar con nadie. En la escuela no tenía amigos verdaderos, ningún amigo del alma. La mayor parte del tiempo me sentaba solo y leía a solas. Si bien no lo demostraba exteriormente, en realidad odiaba a las personas. De hecho odiaba a todo el mundo aunque no lo decía. Veía todo de manera negativa.

Si alguien decía: "Guau, estas flores son hermosas", de inmediato, en mi cabeza, respondía: "Oigan, flores: Nada de qué enorgullecerse. ¡Mañana estarán tan muertas como el pescado salado!". Para mí, el mundo estaba al revés. Odiaba cómo era el mundo. A veces solo quería dejar este mundo. Estaba buscando una respuesta clara de la vida. Pronto las respuestas comenzaron a llegar.

Durante la universidad mi interés en el Qigong se renovó y expandió. Conocí a una monja que sabía mucho de Qigong. Le dije que quería aprender con ella todo lo que sabía sobre Qigong. Antes de que aceptara me preguntó por qué quería aprender. En aquel entonces, mis dos padres estaban muy enfermos. Le dije que quería ayudarlos a curarse. Eso es lo que más quería. En segundo lugar, le dije que quería ayudar a otras personas. Ella dijo que nadie le había dicho eso antes. Dijo que la mayoría de las personas querían aprender cómo aumentar el poder de su propio Qi, ayudarse a sí mismos o para las artes marciales o algo así. Pero yo no quería aprender el Qigong de las artes marciales. Yo solo quería ayudar a que mis padres mejoraran.

Estaba tan sorprendida con lo que dije que aceptó ayudarme. Pero dijo que su maestro no le permitiría enseñar su técnica para ayudar a otros a sanar. Me enseñó lo que pudo. Con ella aprendí una técnica para amplificar mi propio Qi. Lo practiqué con diligencia. Lo que más quería era aprender a ayudar a los demás. Con el tiempo, con la ayuda de maestros que entonces no conocía, aprendería a hacerlo.

Mientras estaba en la universidad me enamoré y me casé con una hermosa y joven compañera de clase llamada Fang (que se pronuncia Fajng). Después de graduarme me convertí en instructor de la universidad y pocos años después en el jefe de mi departamento. Me dediqué a la educación y a ayudar a mejorar las vidas de mis compatriotas por medio de la enseñanza. Mi vida estaba mejorando. Muchas cosas buenas estaban sucediendo, pero por adentro todavía estaba muy enfadado, seguía muy desilusionado.

Seguía buscando el significado de la vida; la iluminación. Irónicamente tuve que lesionarme, e incluso sentir más dolor físico, antes de encontrar las respuestas que estaba buscando.

Enfocándome en el Qigong

Después de mi experiencia en el campo de fútbol, donde mis lesiones de baloncesto -de hecho todas mis lesiones antiguas que se remontaban a la infancia- se curaron de manera tan milagrosa que dediqué todo mi tiempo libre a la práctica de Qigong. Practicaba por lo menos dos horas al día, a veces cuatro o seis horas e incluso más cuando tenía un día libre. Simplemente me encantaba. Me parecía muy poderoso.

Habían personas a mi alrededor que dudan. Decían que el Qigong es una cuestión psicológica, que todo estaba en tu mente y no había nada de qué emocionarse. Pero, después de lo que había experimentado, sabía que era mucho más que eso. Practiqué y practiqué e investigué sobre el Qigong.

Me sentía muy feliz y alegre por dentro. Todo mi odio se había ido. Ya no estaba deprimido. Veía las situaciones de una manera positiva. Ese día en el campo de fútbol el maestro de Qigong había hablado sobre el poder del perdón. No solo decir las palabras sino sentir el verdadero perdón en tu alma. Habló de lo poderoso que es ese tipo de perdón. De cómo aumenta el flujo del Qi en tu cuerpo. Habló de cómo tu cuerpo, mente y espíritu son uno solo. Dijo que sin un verdadero perdón nunca podrías curarte por completo.

Yo supe que lo que decía era verdad. Había sufrido mucho y estaba lleno de ira. No había perdonado a nadie ni olvidado lo que habían hecho. Incluso estaba enojado con mis padres. Como era muy pequeño cuando empezaron las pesadillas de la Revolución Cultural, nunca logré entender cómo ellos pudieron huir dejando a cuatro niños pequeños frente a tantos peligros solos. Amaba a mis padres y los respetaba pero no los había perdonado. Nunca me había perdonado a mí mismo por estar tan enojado.

Tomé en serio lo que dijo el maestro. Luego, en mis meditaciones, recordé a cada una de las personas que conocía que me habían herido por su nombre y perdoné a cada una de ellas diciendo su nombre. Ya no los culpaba. Me di cuenta de que los antiguos amigos que nos habían dado la espalda tenían pocas opciones. Si nos hubieran ayudado habrían sufrido la misma suerte. Los perdoné y luego pudimos renovar nuestras amistades.

Perdoné a mis padres. Me perdoné a mí mismo. Una vez que lo hice, fue como un "tronar" de dedos. Estaba libre. Al día siguiente me sentí completamente diferente. Mi pecho se sentía muy abierto. Cuando miré a mi alrededor todo se veía hermoso. Entonces me di cuenta de que mi Qi, mi energía, era plena. Mi alma se sentía muy libre. Fue maravilloso.

Después de eso la curación ocurrió muy rápido. Todo el dolor de mi cuerpo, todos los problemas de mi espalda, mis pies, mis rodillas, mis ojos, se habían ido. Sentí como si todo el dolor y los problemas hubieran salido de mi cuerpo hasta los confines del universo. Simplemente se fueron por completo.

Durante los dos primeros meses de practicar lo que el maestro nos enseñó, mi vida cambió por completo. Por primera vez había experimentado el poder curativo del Qigong y sabía que lo quería hacer parte de mi vida para ayudar a otros. Pero no sabía cómo.

El maestro no nos enseñó cómo ayudar a otros a sanar. Pero durante una de mis meditaciones, pude verlo muy claramente y oí su voz decir: "Puedes usar mi energía junto con tu energía y, a través de tu visualización, puedes enviar esa energía para ayudar a otros a sanar". Supe que tenía que ser verdad. Así que lo intenté.

Mi suegro tenía un problema estomacal muy grave. Casi no podía comer nada. Entonces, en mi meditación, me visualicé entrando en su estómago. Como vi mucha basura dentro la saqué. Visualicé una ventana en su estómago y seguí tomando la basura y tirándola por la ventana. Entonces, vi unos agujeros pequeños, manchas oscuras, manchas negras en su estómago y visualicé una energía que entraba, energía dorada, color blanco, lo que fuera que me viniera en meditación, lo usaba para aliviar su estómago y calmarlo.

Más tarde, cuando lo vi, le pregunté cómo se sentía. Dijo que desde las tres y media hasta las cinco en punto, su estómago comenzó a cantar como loco. En ese momento estaba trabajando en la calle vendiendo ropa. No sabía qué estaba pasando, pero cuando llegó a casa esa noche, tenía mucha hambre. Acaba de empezar a comer. No podía creerlo. Su estómago estaba bien. Me dije a mi mismo: "¡Guau!" Desde entonces su estómago ha estado bien. Se curó.

También utilicé esa técnica para ayudar a dos de mis alumnos que tenían problemas de asma y sinusitis. Fue durante un receso escolar y cuando regresaron a la universidad me dijeron que habían tirado sus medicamentos. Tuvieron la sensación de que ya no necesitaban la medicina. Así que, lo desecharon.

Pasé todo el tiempo que pude practicando los movimientos y meditaciones que el maestro nos había enseñado. Practiqué sus enseñanzas durante aproximadamente un año y medio. Entonces algo le pasó a mi esposa.

Los tumores de mi esposa

En 1987 mi esposa Fang fue a enseñar a Estados Unidos como parte del programa American Field Service (Servicio Externo Estadounidense). Fue por un año. No fue una época feliz para ella y regresó muy deprimida. Notó un nódulo en su pecho derecho. Fuimos al hospital, le hicieron una operación, extrajeron el nódulo y dijeron que no era cáncer. Nos sentimos más tranquilos, gracias a Dios, no era cáncer. Dijeron que la operación fue muy exitosa.

Pero a las pocas semanas notó más nódulos. En dos meses, los médicos encontraron cinco nódulos en el seno derecho y dos en el izquierdo. Los médicos dijeron que no sabían qué hacer al respecto. Nos pidieron que esperáramos un par de meses y viéramos qué pasaba. Ellos tal vez podrían esperar, pero nosotros no pudimos. Estábamos listos para intentar cualquier cosa.

A pesar del éxito que había tenido al ayudar a otros, no tenía la confianza para intentarlo con mi esposa. La idea del cáncer era demasiado aterradora. Entonces supe que otro maestro de Qigong vendría a la ciudad. Se trataba del maestro Yau del templo Shaolin. Más tarde supe que era un colega de mi maestro anterior.

Fuimos a una clase que estaba dando en un parque y después de la clase nos acercamos. Le dije que mi esposa tenía un problema grave -y antes de que pudiera explicarle algo- dijo: "Lo sé. Ella tiene cuatro nódulos en su seno derecho." Luego hizo una pequeña pausa y dijo: "No, no, no, cinco, cinco. Hay otro, uno pequeño, detrás del más grande. El más grande es tan grande como un huevo. El más pequeño como el extremo de un pulgar, está escondido detrás del más grande". Le dije: "Guau, es correcto". Luego el Maestro Yau dijo: "Ah, y en el lado izquierdo tiene otros dos."

Ya que era un secreto muy bien guardado y él supo lo que estaba mal con ella de manera exacta e inmediata, supe que podíamos confiar en él. Dijo que era capaz de "ver" dentro del cuerpo, algo así como si viera una radiografía. Tenía alrededor de sesenta años pero parecía veinte años más joven. Sabíamos que habíamos encontrado otro verdadero maestro de Qigong. Aceptó ayudar a Fang y la llevé a verlo todas las mañanas a las cinco en punto durante veinte días.

Todos los tumores de su seno izquierdo desaparecieron por completo. En el lado derecho solo quedaba un tumor, que se había reducido a un tamaño muy pequeño. Queríamos agradecer al Maestro Yau de una manera especial. Entonces, una tarde, compré plátanos y se los llevamos. Había trece personas sentadas en la habitación con él. Él dijo: "El día de hoy, no tengo tiempo para curarlos a todos, así que quiero hacer una curación grupal". Nunca antes había oído hablar de una curación grupal.

El maestro Yau tomó los plátanos que había traído y dijo: "Quiero que cada uno de ustedes tome uno de los plátanos y lo sostenga hacia arriba. Voy a pasar energía a los plátanos. Usaré mi Qi para cortar los plátanos y se cortarán en dos o tres pedazos sin dañar la cáscara. Y por dentro verán que cambia de color en forma de una columna púrpura desde arriba hasta abajo". Pensé para mis adentros: "Esto tengo que verlo".

El maestro Yau me pidió que le diera un plátano a todos los que estaban en el cuarto. Sostuvimos los plátanos en alto, él levantó la mano e hizo un ligero movimiento de bombeo. Fue increíble. Literalmente pude ver la luz saliendo de su mano. Después de unos segundos, dijo que había terminado y que los plátanos ayudarían al hígado, al estómago o a cualquier problema que tuviera la persona. Él dijo: "Mi energía está allí ahora".

Así que abrimos los plátanos. Por fuera las cáscaras se mantuvieron sin cambios, sin una sola marca en ellas. Pero dentro, cada plátano había sido cortado en dos o tres pedazos, como si alguien los hubiera cortado con un cuchillo afilado. Y cuando separamos las piezas, había una columna de color púrpura que se extendía justo por el centro, como había dicho el maestro.

Como la mayoría de las personas, de no haberlo visto por

mí mismo, no lo hubiera creído. Pero yo fui quien trajo los plátanos y él no tenía forma de saber que íbamos ese día. ¡Fue increíble!

Entonces dijo que quería hacer otra demostración. Tomó un pedazo de papel de la mesa, un periódico. Lo puso en su mano y lo miró fijamente. En uno o dos minutos, salió humo y luego: ¡Vuum! Fuego. Yo sólo dije: “Guau”.

Con las meditaciones de mi primer maestro, mi dolor de espalda había desaparecido por completo, pero todavía tenía dos espolones en la columna vertebral. Entonces le pregunté al Maestro Yau si podía hacer algo por mi espalda. Él dijo: “Oh, sí”. Usó dos dedos para tocar mi espalda. En uno o dos minutos, sus dedos se sentían como dos estacas de hierro ardiendo. Muy, muy calientes. No podrías creer la sensación. Era como un fuego ardiendo. Más tarde, cuando llegué a casa, encontré dos huellas dactilares en la espalda donde me tocó.

A decir verdad también quería probar al Maestro Yau para ver si el papel quemado era real o no. Muchas personas se llamaban a sí mismos maestros de Qigong, pero eran falsos. Hacían demostraciones como esa, pero colocaban algún tipo de producto químico en el papel y lo mantenían bajo el sol y estallaba en llamas. Como el truco de un mago. Por eso todavía no confiaba por completo en él. Pero después de que me tocó con sus dos dedos y las espuelas de hueso desaparecieron por completo, creí totalmente en él y le dije que quería que me enseñara.

Aceptó ser mi maestro, pero me dijo que solo podía practicar lo que él me enseñara y ningún otro tipo de Qigong. Me miró directo a los ojos y la sonrisa que siempre estaba en su rostro desapareció por un momento. Se puso muy serio. Acepté, pero en mi mente, pensé que eso era muy egoísta. Pensé, no eres el único en el mundo que puede enseñar Qigong. Ya había aprendido mucho, pero después de lo que había visto hacer al Maestro Yau, supe que habían muchas cosas que él podía enseñarme. Tenía sus razones y posteriormente entendería por qué me enseñó de esa forma.

Su enseñanza era muy estricta. Tenías que realizar las meditaciones y movimientos exactamente de la manera en que lo decía y en un momento preciso cada día. Si te equivocabas, tenías que empezar de nuevo. Aprendí a respirar de una manera tan profunda y tan suave que ni siquiera podía sentir el aire moviéndose por mi nariz al inhalar y exhalar. Aprendí a usar todo mi cuerpo para respirar y acumular energía.

Estudié con el Maestro Yau durante un año. Hice exactamente lo que él dijo que hiciera a la hora exacta que dijo. Cuando me dijo que fuera a la montaña Ding Hu a practicar, fui. Era un lugar muy espiritual con un famoso templo allá arriba. Siempre hice exactamente lo que él decía. Entonces, un día me dijo que se iba. Me quedé estupefacto. Le dije: "Después de que te vayas, ¿qué debo hacer? ¿Quién me enseñará? ¿Cómo me pongo en contacto contigo? ¿Dónde puedo encontrarte?"

"No necesitas encontrarme", dijo el Maestro Yau. Me dijo que siguiera practicando lo que me había enseñado y que cuando yo estuviera listo, alguien vendría a enseñarme o recibiría un mensaje de él en mi meditación.

Practiqué lo que me enseñó durante varios años, siempre con mucho cuidado de hacer exactamente lo que me había dicho. Muchos otros maestros de Qigong vinieron a mi ciudad, pero no fui a ver a ninguno de ellos. Entonces, un día el Maestro Yau vino a mí en mi meditación. Simplemente apareció tan claro como si estuviera parado justo frente a mí. Él dijo: "Ahora estás listo para explorar lo que consideres correcto".

Fui a ver a muchos maestros de Qigong que estaban dando talleres. Con solo asistir por diez minutos, sabía qué nivel tenían esos maestros y qué tipo de técnicas estaban usando. Sabía si tenían algo que ofrecerme. Estuve realmente agradecido con el Maestro Yau por su consejo. Comprendí lo importante que era quedarse con un maestro hasta que estés listo para seguir adelante. Pero necesitas encontrar un maestro que realmente sepa meditar, y que conozca el poder del Qigong y sepa cómo explicártelo. Si simplemente merodeas por ahí intentando una cosa tras otra, estarás perdiendo el tiempo. Incluso ahora el Maestro Yau todavía aparece en mi meditación de vez en cuando.

Mi primer viaje a Estados Unidos

En 1992 me llegó la oportunidad para que fuera a los Estados Unidos a través del American Field Service (Servicio Externo Estadounidense). Me pidieron que fuera a una escuela secundaria en Minnesota para enseñar chino y cultura china durante un año. La experiencia de Fang de estar en Estados Unidos lejos de mí y de nuestro hogar durante un año no había sido buena. Así que nunca consideré hacer esto por cuenta propia.

Además, era poco común que a dos personas de la misma familia, una esposa y un esposo, se les pidiera ser parte del programa AFS. Fue un conjunto muy inusual de circunstancias que llevaron a que me pidieran que fuera. Otros con credenciales similares a las mías habían rechazado la oferta. La universidad quería enviar a alguien, y yo era la persona más calificada que quedaba. Así que me pidieron que fuera.

Aunque nunca antes había pensado en irme al extranjero, justo antes de que llegara esta oportunidad, recibí un mensaje en una meditación de que iría a los Estados Unidos.

Parecía tratarse de algo que debía hacer. Decidimos que debía ir.

Cerca de un año antes de que recibiera la oferta para irme a los Estados Unidos, recibí un mensaje del maestro Yau de que pronto encontraría un maestro cuya técnica era buena y que era hora de que estudiara su técnica. Hay miles de diferentes tipos de ejercicios de Qigong. En China, las librerías están llenas de ellos. Pero sucedieron un par de cosas que me llevaron a un solo hombre, el Maestro Zhang. Un día abrí una revista y había una historia sobre tres maestros de Qigong. Uno de ellos era el Maestro Zhang, y su foto me saltó a la vista. Sus ojos no eran como los ojos de una persona real. Simplemente brillaban en la foto.

Conseguí su libro y su video de inmediato. Su enseñanza era diferente a cualquier otra cosa que hubiese aprendido y sus movimientos eran muy simples en comparación con los otros estilos de Qigong. Me gustó mucho y comencé a practicar lo que él enseñaba. Fue muy poderoso.

Por todos los años de estudiar y practicar Qigong que llevaba, sabía lo poderoso que era para ayudar a las personas a sanar. Pero la mayoría de las enseñanzas eran muy complicadas y requerían mucho tiempo y dedicación para aprenderlas. Decían que se necesitaban muchos años antes de que pudieras aprender a usar Qigong para curar a otra persona. Algunos decían que diez años, otros que quince años. Incluso algunos decían que cincuenta años. En aquel entonces la mayoría de los maestros de Qigong mantenían gran parte de lo que sabían en secreto y revelaban sus secretos solo a unos cuantos seleccionados. De hecho no se me permite revelar a nadie parte de lo que aprendí de algunos de mis maestros.

Esto nunca me pareció correcto. Desde el principio de mi entrenamiento de Qigong, una voz me decía: "El Qigong es sencillo. Es muy sencillo. Cualquiera puede hacerlo. Todos pueden hacerlo". El Maestro Zhang decía cosas similares en su enseñanza. Ahora, por fin comenzaba a ver lo sencillo que era realmente el Qigong y cómo debía de enseñarse.

Después de llegar a Minnesota, algunas personas me llevaron a ver algunos de los lagos. Nunca había estado en los Estados Unidos y no sabía nada sobre el estado de Minnesota. Lo curioso es que la tierra y los lagos me parecieron muy familiares. Entonces recordé una meditación que me mostró una tierra al norte con muchos lagos, mucha agua. En mi meditación, viajé a esa tierra desde China, y ahora estaba ahí en esa tierra.

Enseñaba chino y cultura china durante el día en la escuela secundaria en Inver Grove Heights, y en la noche enseñaba Tai Chi. Había mucho interés en el Tai Chi, y mucha gente vino a mis clases de Tai Chi.

Me hice muy amigo de otro maestro llamado Dennis Schuler. Dennis enseñaba historia y también era entrenador de hockey. También había sido entrenador de fútbol y baloncesto. Él es un hombre muy talentoso, un buen hombre y fue de gran ayuda para mí.

Un día conversábamos y le dije que aunque disfrutaba el Tai Chi, lo que realmente me interesaba era el Qigong. Le dije que el Qigong era mi verdadera especialidad. Él nunca había oído hablar de eso, así que le dije que el Qigong era como un ejercicio de respiración chino. Al controlar tu mente y tu cuerpo, puedes controlar y equilibrar la energía del cuerpo y ayudar a que el cuerpo sane. Simplemente me miró y dijo: "Oh", y comenzó a hablar de otra cosa.

A Dennis no le pareció muy interesante el Qigong hasta que un día fui a su casa después de la escuela. Mientras se iba a cambiar de ropa yo esperaba en su sala de estar. Entonces vi a un perro tendido en un rincón de la habitación. Llamé al perro, lo saludé con la mano y aplaudí pero el perro me ignoró por completo. Llamé a Dennis y le pregunté: "¿Qué le pasa a tu perro?" Él dijo: "Está sorda. Está vieja y sorda".

Le pregunté si estaba bien si trabajaba en su perrita y él dijo: "Claro". Él no entendió lo que le estaba diciendo. Solo estaba siendo amable. Pero yo quería ayudar. Entonces, le hice una señal a la perrita y llamé su atención, ella se levantó lentamente, se acercó y apoyó su cabeza en mi regazo.

Trabajé con la perrita durante unos cinco minutos, quité los bloqueos en sus oídos y cabeza y equilibré su energía. Cuando Dennis entró en la habitación, le dije: "Dennis, tu perrita puede oír". Me miró de forma extraña y me dijo: "¿Estás bromeando?" Le dije: "No. Inténtalo".

Así que Dennis aplaudió y gritó: "Tory, Tory, Tory". La perrita le respondió de inmediato. Corrió hacia él, meneando la cola, y comenzó a correr alrededor de sus piernas como un cachorro. Dennis dijo: "Guau", y me miró fijamente por un largo tiempo.

De repente, Dennis tomó una silla, se sentó y me dijo: "Lin, Lin (todos me llamaban Lin), pruébalo, pruébalo conmigo, mis rodillas". Dennis había sido jugador de hockey y de fútbol, y sufrió muchas heridas en su vida. Tenía un dolor constante. Sus rodillas estaban tan mal que cuando trató de alistarse para el servicio militar fue rechazado a causa del estado de sus rodillas.

Trabajé en las rodillas de Dennis durante unos cinco minutos más o menos, y luego dije: "Está bien, Dennis, levántate y muévete". Se levantó y comenzó a moverse, saltó un poco y luego saltó un poco más. Saltaba de arriba hacia abajo y me dijo: "¡Guau! El noventa y cinco por ciento del dolor se ha ido". No podía creerlo. "Tienes que enseñar esto", dijo.

Al día siguiente, después de la escuela, Dennis me llevó al centro comunitario y concertó que yo enseñara una clase de Qigong. Escribimos un anuncio que decía: "Ven a aprender Qigong, ejercicio de respiración chino".

Llegó la hora de la primera noche de clase, se llevó a cabo en la cafetería de la escuela y solo se presentaron cinco personas. Allí estábamos, solo nosotros seis, sentados alrededor de una mesa en esa gran cafetería vacía. Les pregunté a todos por qué vinieron y cuando me respondieron, simplemente sacudí la cabeza y pensé: "Esta será una clase muy interesante". (La clase aumentó a siete personas cuando dos más se unieron a nosotros esa noche).

Dos de los cinco estaban allí por error. Pensaron que se habían inscrito a una clase diferente. Una mujer llegó con una máscara de oxígeno y un gran tanque de oxígeno detrás de ella. Era una mujer mayor llamada Esther Trejo y dejó muy claro que no quería estar allí.

Cuando le pregunté por qué estaba tomando la clase, dijo que no era idea suya, sino de su hijo. Su hijo era un estudiante de artes marciales. Había escuchado sobre la clase y pensó que podría ser bueno para su madre, que estaba teniendo serios problemas con sus pulmones. Esther pensó que era una idea terrible. Ella le dijo a su hijo: "No necesito que venga un chino a enseñarme a respirar, he estado respirando por mi cuenta durante 60 años".

Pero su hijo no aceptó un no como respuesta. Esa noche manejó hasta la casa de su madre, la colocó en su camioneta, la llevó a la escuela y se fue, diciéndole que regresaría cuando terminara. Era invierno -y el invierno es frío en Minnesota- por lo que Esther no tuvo más remedio que entrar. Tal como ella lo señaló, estaba "atrapada".

Comencé la clase diciendo: "Permítanme hacer una demostración". Pregunté si alguien tenía algún dolor en las muñecas, el cuello, la espalda, los hombros o cualquiera otra parte. Esther dijo: "Sí, en mi muñeca. Tengo que arrastrar este tanque las 24 horas del día y me duele la muñeca". Le pedí que colocara la muñeca sobre la mesa, que cerrara los ojos y se relajara. Trabajé en su muñeca, eliminando el bloqueo y el dolor. Después de unos minutos le dije que abriera los ojos e intentara usar su muñeca. Para su sorpresa, el dolor había desaparecido.

Esther continuó asistiendo a la clase y en la quinta semana entró arrastrando su tanque de oxígeno, pero sin la máscara. Estaba tan bien que solo necesitaba el oxígeno cuando hacía ejercicio. Para la octava semana Esther prescindía por completo del tanque de oxígeno -y no lo necesita desde entonces-. Puedes leer más sobre la historia de Esther en sus propias palabras en la página 228 de este libro.

Cuando se difundió la experiencia de Esther, un periodista del periódico St. Paul Pioneer Press vino y escribió una historia sobre mi clase. Pronto más y más estudiantes se inscribieron para aprender Qigong. Durante mi estadía en los Estados Unidos ese año pude usar mis técnicas de Qigong para ayudar a sanar a muchas personas, a una multitud de personas.

Todo esto me confirmaba aún más que el Qigong era el trabajo de mi vida. Era lo que más disfrutaba: poder ayudar a las personas, ayudarlas a eliminar su dolor y ayudarlas a sanar, es lo más maravilloso que puedo hacer.

Mi esposa y mi bebé no pudieron venir conmigo durante mi año en Minnesota. Como resultado, tuve mucho tiempo libre y pasé horas meditando y practicando Qigong todos los días. Comenzaba a las 10:30 u 11 de la noche y meditaba a menudo hasta altas horas de la madrugada. Fue durante ese año que se me reveló la misión de mi vida. Yo también iba a ser un maestro de Qigong. Usaría mi conocimiento para crear y enseñar un nuevo estilo de Qigong. Un estilo tan sencillo que cualquiera pudiera aprenderlo.

Mucha gente quería que me quedara en los Estados Unidos cuando terminara mi año. Me ofrecieron trabajos y todo lo que necesitara. Pero siempre decía que no. Quería volver a China. Sabía que era lo que debía hacer. También extrañaba mucho a mi esposa y a mi bebé. Sin embargo, llevaba conmigo el mensaje muy fuerte de que algún día regresaría a los Estados Unidos. No tenía idea de cómo sucedería esto. No tenía un deseo consciente de regresar a Estados Unidos. Quería irme a casa a China, pero el mensaje era claro: un día, por alguna razón, volvería.

Me convierto en un maestro de Qigong

Después de volver a China, dediqué mi tiempo a mis meditaciones y práctica de Qigong. Ahora era el decano del departamento de inglés en mi universidad y estaba a cargo de programar los horarios de enseñanza. Organicé todas mis clases en un par de días por semana, dándome todo el tiempo posible para Qigong.

Durante mis años de estudio, pasé días y semanas seguidas en meditación y práctica de Qigong. A veces me pasaba un mes en meditación, a veces hasta dos meses.

El primer invierno después de mi regreso a casa, me tomé dos meses de descanso para ir a ver Maestro Zhang a la montaña Qing Cheng. Pasé la mayor parte de esos dos meses en meditación profunda en el interior de una cueva. Primero, hubo un ayuno de tres días y meditación en la cueva. Luego, una meditación de una semana y, finalmente, una meditación de un mes. Durante estas meditaciones se me permitió poco o nada de agua y muy poca comida. Durante el mes de ayuno y meditación, solo tuve tres manzanas para comer y unas pocas botellas de agua. Esta era una prueba de la capacidad para controlar tu Qi y también una prueba de tu disciplina.

Estas meditaciones profundas siempre han sido una parte clave de mi entrenamiento de Qigong. Mis maestros a menudo tenían una instrucción muy específica para centrarme en mis meditaciones. Este entrenamiento es muy iluminador, no sé cómo explicarlo. Pero el propósito y el resultado eran siempre el mismo: mejorar tu comprensión del universo y aumentar el poder de tu propio Qi y tu capacidad para enfocarlo.

Mi entrenamiento con el Maestro Zhang fue más iluminador y beneficioso de lo que puedo expresar. Al final de este entrenamiento me hicieron una serie de pruebas. El maestro te examina principalmente sobre tu habilidad para leer la energía en los cuerpos de otras personas y luego usar tu propia energía, tu propio Qi, para ayudarlas a sanar.

También se evalúa tu capacidad de leer los pensamientos de las personas. Se examina tu poder de predecir el futuro. Una prueba es predecir cuál será el clima durante los próximos diez días. Si fallas estas pruebas, no pasas. Hay muchas otras pruebas también. Algunas eran consideradas muy peligrosas para cualquiera que no fuera un maestro de Qigong. En una prueba, me llevaron a una habitación con un transformador eléctrico. Había dos líneas eléctricas. Una positiva, la otra negativa. Con 220 voltios de electricidad tenía que agarrar una línea en cada mano y usar mi cuerpo como conductor para completar el circuito. Es otra forma en que demuestras tu habilidad para controlar tu propia energía. Obviamente, pasé la prueba. Pero, por favor, no intentes esta prueba. Sería muy peligroso y podría matarte.

En otra prueba, tenía que cambiar el contenido de alcohol del vino. Tuve que elevar el contenido de alcohol en una botella de vino y bajarlo en otra. Tuve que pasar por todas estas pruebas y las pasé con calificaciones muy altas. La mayoría de las pruebas se centran en tu capacidad para usar tu Qi para ayudar a otros a sanar.

Te digo estas cosas para darte una idea de lo que se necesita para convertirte en un maestro de Qigong. Lleva muchos años dedicado al estudio y la formación.

Al final de mis pruebas en la Montaña Qing Cheng con el Maestro Zhang, obtuve la certificación como un Maestro Internacional de Qigong. No fui allí esperando algo así. Solo fui a estudiar con un maestro por el que tenía una gran admiración y respeto. La certificación fue una sorpresa completa. También llegó como una confirmación de que estaba en el camino por el que debía transitar por el resto de mi vida.

China es un país grande. Los chinos hablan muchos idiomas diferentes. Algunos de ellos son tan diferentes entre sí como el inglés y el ruso. Como tengo fluidez en cinco idiomas chinos, tuve la suerte de poder estudiar con muchos maestros de Qigong. Algunos de estos maestros no los puedo nombrar en este libro, y se me exigió mantener en secreto algunas de sus enseñanzas. No referirme a estos maestros está en concordancia con sus deseos. A todos les tengo un gran respeto por su habilidad y dedicación para ayudar a los demás.

Sin embargo, lo que aprendí a través de más de dos décadas de entrenamiento, investigación y práctica de Qigong, es que la capacidad de curar, la capacidad de usar tu energía, tu Qi, para sanarte a ti mismo y ayudar a otros a sanar, es algo que puedes aprender a hacer de inmediato. Lo que aprenderás en este libro no te convertirá en un maestro de Qigong. Pero el hecho maravilloso es que no tienes que ser un maestro de Qigong para despertar tu habilidad natural de curación y usarla.

Como todo en la vida, cuanto más practiques, mejor serás. Pero la esencia de Qigong es muy, muy simple, y, sin embargo, increíblemente poderosa. El mensaje que me siguió llegando del universo es que el Qigong es muy sencillo. Y es lo que me llevó a crear Spring Forest Qigong.

SEGUNDA PARTE

Una introducción al Qigong

"Un sanador en cada hogar
y un mundo sin dolor y sufrimiento"

Una introducción al Qigong

Después de leer mi historia y las de algunos de mis alumnos en este libro, podrías pensar que el Qigong es algo misterioso, mágico o sobrenatural. Albert Einstein dijo: "Lo más hermoso que podemos experimentar es lo misterioso. Es la fuente de todo verdadero arte y ciencia."

El misterio nos lleva a asombrarnos, a buscar, descubrir y aprender. Una vez que se hace el descubrimiento y se llega a la comprensión, el misterio inicial desaparece.

El Qigong es así. Parece muy misterioso para muchos. Pero una vez que lo entiendes, ves que el Qigong no es un misterio, solo es un regalo maravilloso que está disponible para todos.

Escuchar música que sale de la radio puede parecer misterioso, mágico o sobrenatural para alguien que nunca ha oído hablar de una radio. No puedes ver las ondas de radio. No puedes tocarlas. Pero son reales. No tienes que creer que una radio funciona. Simplemente la enciendes, la sintonizas y funciona. Si aprendes las bases de cómo funciona una radio, entonces no hay ningún misterio.

Déjame explicarte los conceptos básicos de cómo funciona el Qigong.

Tú y el Qigong

Incluso si nunca has escuchado la palabra Qigong, lo has estado haciendo toda tu vida. Has estado practicando un tipo de Qigong desde que naciste: dormir. De hecho, practicabas mucho Qigong cuando eras bebé. Dormir es un tipo de Qigong.

Los científicos aún no saben por qué dormimos. El corazón funciona mientras dormimos. La sangre fluye. Los pulmones respiran. Tu cerebro sigue activo. También tus músculos, solo pregúntale a alguien que se mueve mucho. Pero fisiológicamente no hay razón para dormir.

Entonces, ¿por qué dormimos? Dormir es una meditación natural. Dormir es una de las formas con las que nacemos para ayudar a equilibrar la energía en nuestros cuerpos. Por eso necesitamos dormir. El Qigong tiene que ver con el balance de energía. Entonces, como puedes ver, el sueño es un tipo de Qigong.

La actividad física es la parte Yang de nuestra vida cotidiana. El sueño es la parte Yin de la vida cotidiana. Como todo en la vida, Yin y Yang necesitan estar en buen equilibrio.

¿Cómo te sientes después de una buena noche de sueño?

Cuando tu energía está bien equilibrada, te sientes muy bien. Cuando no duermes bien, no te sientes tan bien. Tu energía está desequilibrada. Dormir es una forma pasiva de practicar Qigong. Al aprender más y practicar Qigong de una manera activa, puedes aprender a mantener ese equilibrio. El Qigong puede ayudarte a dormir mejor y a sentirte bien, descansado, relajado y equilibrado.

El Qigong viene de China. La historia de Qigong es anterior a los registros escritos. Algunos estudios arqueológicos han encontrado evidencia de prácticas de Qigong de hace siete mil años. Miles de estilos diferentes de Qigong se han desarrollado a lo largo de los milenios. Algunos todavía están inmersos en el misticismo y el secreto y se enseñan solo a unos cuantos elegidos. Actualmente en China millones de personas practican un estilo u otro de Qigong todos los días. Puedes ver a cientos y miles de personas practicando en cualquier parque. Ellos practican Qigong por una razón muy práctica. Quieren sentirse bien y vivir una vida sana y equilibrada.

Qigong viene de dos palabras, Qi (pronunciado chi) y Gong. Qi es la energía universal que conforma y fluye a través de todo en el universo. En nuestros cuerpos el Qi significa vitalidad o fuerza vital. Gong significa practicar, cultivar o refinar, lo que lleva a la maestría. Entonces, Qigong significa cultivar o refinar la vitalidad o fuerza vital de uno a través de la práctica.

La energía del Qi tiene dos formas básicas, Yin y Yang.

Para que una persona tenga una salud perfecta, Yin y Yang deben estar en perfecto equilibrio. Tu cuerpo, el cuerpo de todos, tiene dos tipos de Qi: el Qi interno y el Qi externo. El Qi que se mueve dentro del cuerpo para mantenerlo vivo se llama Qi interno. El Qi enviado por un sanador para ayudar a otros a sanar o hacer cosas fuera del cuerpo se llama Qi externo.

Todos nacemos con el Qi -o energía vital e inteligente-. Se compone de un mensaje informativo y su portador. Es la compleja sustancia energética fundamental para la vida misma y para todas las cosas, animadas e inanimadas. Cuando el Qi fluye, la vida continúa y se obtiene la salud. Cuando el flujo del Qi se detiene o se interrumpe te enfermas. Cuando el Qi se detiene es el final de la vida.

Así que en la medicina y la meditación chinas, la gente siempre habla sobre el Qi, Qi, Qi. Mover el Qi, o hacer que el Qi se mueva, es muy importante en la curación china. El Qigong es una de las formas más poderosas para mover el Qi. Funciona. Es por eso que millones de personas lo practican todos los días.

El Qigong tiene que ver con el equilibrio, con equilibrar la energía de la mente, el cuerpo, las emociones y el espíritu. La mente y el cuerpo, las emociones y el espíritu no son cosas separadas. Todos ellos son parte de ti. No puedes enfocarte en uno e ignorar otro sin causarte problemas. El Qigong es la forma más sencilla y poderosa que conozco para lograr ese equilibrio perfecto. Es una de las prácticas de auto-curación más poderosas que se han desarrollado. El Qigong es verdaderamente una maravilla de la salud de nuestro mundo.

El Qigong puede ayudarte a sanar, no solo físicamente, sino también emocional, mental y espiritualmente, todo al mismo tiempo. Tu cuerpo, mente, emociones y espíritu están interconectados. En verdad todo debe estar en equilibrio para que estés curado por completo. A través de la práctica del Qigong, puedes experimentar el equilibrio perfecto que se supone deberías tener. Los beneficios del Qigong son tan amplios como los aspectos de la vida.

El Qi (la energía) lo es todo

Todo en el universo es energía o Qi. Desde el trabajo de Albert Einstein, los científicos han reconocido que todo en el universo, todo lo que podemos ver, e incluso las cosas que no podemos ver, se componen de relaciones dinámicas de energía. Todo, todo, todo es energía.

Una roca, un árbol, el aire, tu cuerpo, tu mente, todos son energía, solo que adoptan formas diferentes. Tú eres un ser de energía. Yo también. Todos lo somos. Como demostró Einstein, la energía no puede ser creada ni destruida. Pero la energía se puede transformar, cambiar, maniobrar, poner en uso.

Por ejemplo, cuando calientas el agua se convierte en vapor. La energía del agua todavía existe, solo que toma una forma diferente. Eso es lo que significa la palabra Qigong, trabajar con el Qi, transformar la energía, ponerla en uso.

La enfermedad también es una forma de energía, pero podemos transformarla en algo hermoso y bendito. De esto se trata la curación con Qigong.

El Qigong combina la meditación, la concentración enfocada, técnicas de respiración y movimientos corporales para activar y cultivar nuestro Qi a medida que fluye a través de los canales de energía invisibles, los meridianos del cuerpo. Si estás familiarizado con la acupuntura, sabes que también se basa en los meridianos de energía del cuerpo. Pero la acupuntura requiere la habilidad de un experto para ayudarte. El Qigong lo puedes hacer por ti mismo.

El Qi puede fluir con el sistema nervioso de nuestros cuerpos, con el sistema circulatorio y con el sistema de los meridianos. El Qi también puede fluir por sí solo, sin seguir ningún sistema del cuerpo. Esto es lo que hace al Qigong aún más poderoso que cualquier otra modalidad de curación.

Aprender sobre el Qigong

El objetivo del Qigong es mejorar la calidad de tu vida al enseñarte formas de abrir tus canales de energía y mantener el equilibrio. Eso es todo.

Algunos movimientos de Qigong son muy sencillos. Otros son muy complicados y difíciles de aprender. Si quieres aprender movimientos, técnicas y meditaciones difíciles y complicadas, entonces esa es una buena opción para ti. Si has encontrado un estilo de Qigong que disfrutas y que funciona para ti, te aliento a que sigas con él. Pero en mi experiencia, las técnicas de Qigong difíciles no son más efectivas, solo son más difíciles. Creo que lo sencillo es mucho mejor.

En mi experiencia, el mejor y más poderoso Qigong es sencillo, muy sencillo, y a la vez muy poderoso. Este estilo sencillo de Qigong requiere menos tiempo para aprender y practicar, a la vez que es más efectivo y útil. Explicaré más sobre esto en el capítulo sobre Spring Forest Qigong.

Hay cuatro partes para equilibrar tu Qi a través del

Qigong: la respiración, las posturas -o movimientos de tu cuerpo-, tu mente -la meditación- y los sonidos.

Respiración Qigong

La respiración es vida. El aire que respiramos es una de las maneras clave en que nuestros cuerpos adquieren Qi. Si dejamos de respirar no viviremos mucho. Los perros respiran mucho más rápido que las personas, pero no viven tanto tiempo. Las tortugas marinas respiran solo unas pocas veces por minuto y viven mucho más tiempo que nosotros. Respirar de manera corta y rápida -como un perro- no es saludable para los humanos. Respirar de manera lenta, profunda y relajada como la tortuga marina es muy saludable.

La respiración Qigong es bastante fácil de hacer. Simplemente tomas respiraciones lentas, profundas y relajadas. Al inhalar, contrae un poco la parte baja de tu estómago. Al exhalar, expande un poco el estómago. Eso es todo. Es así de simple. A la vez es muy potente y útil.

La respiración de Qigong aumenta la ingesta de oxígeno y aumenta considerablemente el metabolismo del oxígeno en los tejidos del cuerpo, especialmente en los músculos. Físicamente, eso te ayuda a darte más fuerza y resistencia. También te hace más alerta mentalmente y aumenta la creatividad.

Los investigadores médicos han sabido durante mucho tiempo lo importante que es una técnica de respiración adecuada para una mente y un cuerpo sanos. Esto es especialmente cierto para los atletas o los estudiantes y la respiración Qigong es una de las técnicas de respiración más eficaces. La respiración Qigong también tiene beneficios adicionales.

La respiración Qigong ayuda a equilibrar la energía Qi en tu cuerpo. La parte superior del cuerpo pertenece a la energía Yang. La parte inferior del cuerpo pertenece a la energía Yin. Inhalar es una parte de la energía Yin. Exhalar es Yang. Una de las razones por las que nos enfermamos es que las energías Yin y Yang no se están comunicando bien. Al contraer la parte baja de tu estómago un poco al inhalar y al soltar al exhalar, estás incrementando la comunicación de las energías Yin y Yang. Estás tomando una parte activa en equilibrar tu Qi.

Si esta no es la forma en la que respiras ahora, ve despacio y toma con calma el aprendizaje de la respiración del Qigong. La forma en que respiras ahora no está mal. En Spring Forest Qigong, no hablamos de bien o mal. Simplemente bien, mejor y lo mejor. Los elementos adicionales a la técnica de respiración Qigong son la visualización y el enfoque. Al inhalar, imagina que utilizas todo tu cuerpo para respirar, percibe y siente el aire, la energía que entra por cada parte de tu cuerpo; y luego, concentra toda la energía que estás absorbiendo, y acumúlala en tu centro de energía inferior, tu Dantian inferior, que está justo detrás de tu ombligo en el centro de tu torso.

Al exhalar, visualiza que cualquier cansancio, dolor, enfermedad o malestar en cualquier parte de tu cuerpo se convierte en humo y sale proyectado de tu cuerpo hasta el extremo del universo. Las visualizaciones y el enfoque mejoran por mucho la eficacia de tu respiración Qigong.

Ahora, intenta la respiración Qigong por un momento. Siéntate derecho, inhala de manera lenta, suave y profunda por la nariz y deja que tu mente se relaje. Contrae un poco la parte inferior de tu estómago al inhalar. Siente que la energía entra a tu cuerpo desde cada parte de tu cuerpo y enfócate en concentrarla en tu Dantian inferior (que está detrás de tu ombligo). Deja que la parte baja de tu estómago se expanda al exhalar. Siente el Qi fluir por tu cuerpo en un movimiento circular y fácil.

Estás haciendo la respiración Qigong. Estás relajando tu mente y tu cuerpo. Estás aumentando la ingesta de oxígeno. Estás aumentando la oxigenación de los tejidos de tu cuerpo. Y estás estimulando las respuestas automáticas y de auto-curación en tu cuerpo. ¡Felicidades!

Mi muy buen amigo y alumno Patrick es psicólogo. Durante muchos años buscó métodos adicionales para ayudar a sus pacientes. Patrick dice que si las personas solo aprendieran esta forma simple y relajada de respirar, la respiración Qigong, encontrarían enormes cambios positivos en su salud mental. Puedes leer más sobre las experiencias de Patrick con Spring Forest Qigong en la página 161 de este libro.

Movimientos de Qigong

Los movimientos y posturas de Qigong están diseñados

para ayudar a abrir los canales de energía en el cuerpo y mejorar el flujo del Qi. Cuando te sientas o te mantienes erguido, estás ayudando a abrir el canal posterior a lo largo de la columna vertebral, que es el canal principal del cuerpo. Cuando abres la mano y abres un poco los dedos, no solo abres todos los canales de la mano, también abres el canal de los pulmones.

Si tienes una hemorragia nasal, puedes utilizar una postura de Qigong simple pero muy efectiva. Si el lado izquierdo de la nariz está sangrando, levanta la mano derecha arriba sobre tu cabeza. Si el lado derecho está sangrando, levanta la mano izquierda sobre tu cabeza. Este simple movimiento generalmente detendrá la hemorragia nasal en menos de un minuto, a veces en segundos. Si la sangre sale con mucha fuerza, puede que necesites presionar el dedo medio atando un trozo de cuerda o algo alrededor de la punta y después levantar la mano.

Si observas un diagrama de acupuntura de los canales de energía en el cuerpo, verás que muchos canales comienzan en las manos y luego van a la cabeza y al resto del cuerpo. Al levantar el brazo opuesto, creas una presión opuesta que obliga a la energía a regresar a los canales apropiados. Inténtalo. Funciona.

Alzar ambos brazos sobre tu cabeza es otro movimiento sencillo de Qigong que ayuda a abrir canales de energía en los pulmones y puede ayudar a limpiar tus senos paranasales, ayuda a detener la tos e incluso ayuda con los dolores de cabeza. Cuanto más grave sea el problema, tendrás que levantar los brazos más tiempo para abrir los canales de energía.

Estos son movimientos sencillos de Qigong que pueden ser muy útiles. A la vez, estos movimientos tratan una necesidad o síntoma inmediato. El verdadero propósito y gran valor del Qigong es que puede ayudar a equilibrar toda la energía en tu cuerpo. Solo de esta manera podemos lograr nuestro objetivo: mejorar la calidad de cada aspecto de tu vida.

Para alcanzar este objetivo, necesitas aprender y practicar movimientos y meditaciones de Qigong diseñadas para equilibrar toda la energía del cuerpo al mismo tiempo. Te mostraré algunos de estos ejercicios sencillos pero muy poderosos más adelante en este libro.

El Qigong y la mente

Algunos dicen que usamos solo el diez por ciento del poder de nuestras mentes. Otros dicen que sólo el dos por ciento. Hay tanto que no sabemos sobre lo poderosa que puede ser realmente la mente humana.

Un anhelo, un deseo, un pensamiento, tu voluntad, imaginación, visualización, etc., todos provienen de tu mente. También, todos son energía y pueden ser muy poderosos y útiles para ti. Vamos a jugar un pequeño juego y podrás experimentar lo que estoy hablando. Yo lo llamo el "juego de crecimiento de dedos".

Encuentra las líneas en la parte inferior de tus palmas donde comienzan tus muñecas. Coloca estas dos líneas juntas y luego junta las palmas. Compara la longitud de tus dedos. La mayoría de las personas tienen dedos ligeramente más largos en una mano. Ahora, levanta la mano con los dedos más cortos y baja la mano con los dedos más largos y colócala suavemente sobre la parte inferior de tu estómago. Levanta ligeramente la mano que está arriba. Pon una sonrisa en tu rostro, cierra suavemente tus ojos y repite este mensaje en tu mente: "Mis dedos están creciendo, son cada vez más largos, más largos, más largos, más largos... Están creciendo cada vez más largos, más largos, más largos y aún más largos". Dilo en silencio con total confianza. Solo debes saber que los dedos en tu mano levantada están creciendo más, más, más y más. Repítelo de unos 30 segundos a un minuto, luego abre los ojos y continúa leyendo.

¿Ya pasó un minuto? Bien, compara tus manos de nuevo. Tus dedos más cortos se hicieron más largos, ¿no es así?

Ahora, abre tus manos. Di en tu mente una sola vez: "Mis dedos vuelven a la normalidad". Solo necesitas decirlo una vez. Alinea tus palmas en las muñecas nuevamente y compara tus dedos y ve lo que sucedió. Han vuelto a la misma longitud que tenían cuando empezaste.

¿Quieres jugar un poco más? Coloca la mano con los dedos más largos arriba y coloca la otra mano sobre el estómago. Esta vez queremos que los dedos más largos se vuelvan más cortos. Abre un poco la mano con los dedos más largos y di en tu mente: "Mis dedos se están volviendo más cortos, más cortos, más cortos, más cortos..." Enfoca tu mente en esos dedos. Siente como la energía fluye en los dedos a medida que dices en tu mente: "Mis dedos se están volviendo más cortos, más cortos, más cortos. Mis dedos se están volviendo más cortos, más cortos, más cortos, y aún más cortos". De nuevo, haz esto de 30 segundos a un minuto.

Localiza las líneas al final de tus palmas, júntalas y compara tus dedos ahora. ¿Se acortaron los dedos más largos?

No queremos dejarlos así. Así que abre tus manos y di en tu mente: "Mis dedos vuelven a la normalidad". Compara tus dedos ahora. Han vuelto a la misma longitud que tenían cuando comenzaste.

¿No te parece increíble? ¡Felicidades! Acabas de tener tu primera experiencia del poder del Qi y del Qigong.

Algunas personas tienen que practicar esto un poco, pero la mayoría de las personas pueden hacerlo de inmediato. Se trata del poder de tu mente que influye en tu Qi. Por medio del enfoque de tu pensamiento, enviaste energía a tus dedos haciendo que las articulaciones se abran o cierren y que los dedos se vuelvan más largos o más cortos. Como ves, el pensamiento es energía.

Te comparto un ejemplo diferente. En julio de 2002, hubo un reportaje en las noticias sobre una cirugía común de rodilla realizada para pacientes que sufren artritis. Un estudio en el VA Medical Center en Houston, Texas, encontró que la cirugía de rodilla, que se realiza cientos de miles de veces cada año para aliviar el dolor de la artritis, no funciona.

Investigadores médicos en Texas se enfocaron en un grupo de 180 hombres ancianos. Un tercio tuvo la cirugía completa, un tercio tuvo un procedimiento parcial y el otro tercio restante tuvo una cirugía simulada. Fueron anestesiados y el médico hizo tres incisiones pequeñas pero no realizó la cirugía. El grupo que tuvo la cirugía simulada fue el que reportó los mejores resultados. De hecho, solo los pacientes en el grupo de cirugía simulada caminaban más rápido y subían y bajaban escaleras mejor que antes, y generalmente reportaban la mayor disminución del dolor.

Los investigadores concluyeron que el tercer grupo experimentó el "efecto placebo". Su mejoría fue un ejemplo de "la mente sobre la materia". Mientras que algunos descartan las experiencias de estos pacientes como que sucede "solo en sus mentes"; otros investigadores están comenzando a reconocer lo poderosa que puede ser la mente humana.

La mente es una sanadora poderosa. Los maestros de Qigong y otros se han dado cuenta de esto durante miles de años. Si aprendes y practicas Spring Forest Qigong, puedes experimentar esto por ti mismo.

Meditación Qigong

Con el "juego de crecimiento de dedos" acabas de experimentar el poder de tu mente consciente. ¿Qué pasa con la otra parte de tu mente, la parte que algunas personas llaman tu subconsciente y otras tu conciencia? Es incluso más poderosa que tu mente consciente, mucho más poderosa. Es esa parte de tu mente, tu subconsciente o conciencia, la que utilizas durante la meditación; pero no funciona como tu mente consciente. En lugar de concentrarte duro, en la meditación, te sueltas.

Los beneficios de la meditación se conocen desde hace mucho tiempo. La meditación alivia el estrés -que es una de las principales causas de la enfermedad-. La meditación aquieta el ritmo cardíaco y la respiración. Fortalece el sistema inmunológico. Cuando meditas, tu cerebro envía mensajes químicos a tu cuerpo para ayudar a relajarte. La meditación desarrolla una sensación general de bienestar.

En la meditación los músculos del cuerpo se relajan. Cuanto más se relajan los músculos por completo, con mayor eficacia aceptan y almacenan el oxígeno. La meditación Qigong no solo te hace sentir mejor, también te puede ayudar a hacerte más fuerte.

En la meditación de Qigong aprendes a entrar en "el vacío". El vacío es un lugar de perfecta paz y comprensión. El vacío es un lugar de perfecta calma y quietud. El vacío es un lugar donde puedes renovarte por completo. Cuanto más profundo puedas ir al vacío, más rápido y más completamente podrás sanar tu mente y tu cuerpo.

Muchas personas me han dicho en mis clases que han practicado meditación durante años pero que no se beneficiaron mucho al hacerlo. Algunos dijeron que habían intentado meditar pero no habían podido hacerlo.

Es difícil para algunas personas calmar sus mentes. Para ellos les sugiero que se enfoquen primero en los ejercicios activos de Spring Forest Qigong. Estos movimientos funcionan como una meditación en movimiento y pueden ayudarte a aprender cómo entrar en un estado meditativo, a entrar en el vacío.

Para aquellos que meditan pero no han obtenido muchos beneficios, les digo esto: Debes dejar ir todo en tu meditación y hacerte la promesa de convertirte en la mejor persona que puedas.

Verás, durante la meditación, vendrán distracciones a tu mente interrumpiendo tu enfoque. Esta es tu mente consciente tratando de controlar tus pensamientos. Debes dejarlo ir. A menudo, vendrán a tu mente imágenes o recuerdos del pasado. A veces son buenos recuerdos, a veces son malos recuerdos. En ambos casos, necesitas soltarlos. Necesitas controlar tu mente. Esto es algo sencillo de hacer. A menudo las personas se complican al tratar de concentrarse demasiado en lugar de relajarse más profundamente y soltar.

Con buenos recuerdos, simplemente di "gracias" a la

memoria, guárdala y vuelve a concentrarte en el vacío. Con los malos recuerdos, si son cosas malas que has hecho, necesitas perdonarte a ti mismo, prometer hacer cosas buenas y borrar la memoria antigua. Simplemente di "gracias" a la memoria, di "es hora de que te vayas para siempre" y elimínala de tu mente al volver a concentrarte en el vacío. El pasado es historia. Déjalo ir. Vive en este momento. Lo importante es lo que haces ahora. Esto es lo que puedes controlar; y esto es lo que crea tu futuro.

La meditación es un buen momento para purificarte a ti mismo y a tu energía. Por las cosas buenas que has hecho por otros, prometes seguir haciendo estas cosas por el resto de tu vida. Por las cosas negativas que has hecho, sientes una verdadera pena por haberlas hecho, te perdonas a ti mismo y prometes no hacer este tipo de cosas. Luego las borras por completo. Se han ido para siempre.

Si aún tienes dificultades para liberar estos recuerdos u otras imágenes en tu meditación, primero lleva el enfoque de tu mente a una imagen que te resulte reconfortante. Piensa en un lugar hermoso y tranquilo y visualízate allí. Podrías imaginar un lugar hermoso junto a un lago o un arroyo, junto al océano, en las montañas o en un hermoso jardín. Esto ayudará a aclarar tu mente. Entonces necesitas volver tu mente a la paz, la tranquilidad y la quietud del universo, el vacío.

En la meditación utilizas ambos aspectos de tu mente para un gran beneficio, tanto tu mente consciente como tu conciencia infinitamente más poderosa. Cuando tu mente consciente está llena de todas las distracciones de la vida cotidiana, te excluye de todos los maravillosos beneficios que recibirás de tu conciencia.

Una buena manera de comenzar a experimentar estos beneficios es enfocando tu mente consciente en una cosa hermosa. Por ejemplo, enfoca tus pensamientos en el sol. En tu mente, ve el sol brillando en un cielo azul perfecto. Siente el maravilloso calor del sol en tu cara. Siente el calor esparciéndose por todo tu cuerpo mientras te relajas más profundamente. Enfócate solo en los hermosos rayos del sol cayendo sobre ti.

Al enfocar tu mente consciente por completo en un pensamiento sanador bello, liberas a tu mente de cualquier distracción, problema o desafío en tu vida. Más importante aún, liberas a tu conciencia para llevarte de manera más profunda al vacío.

Recuerda, el Qigong se trata de equilibrar tu energía. Cuando tu mente consciente está en control total, no hay manera de que tus energías Yin y Yang encuentren el equilibrio. Los beneficios que recibirás de este equilibrio son enormes. Esto por sí solo te llevará muy lejos en alcanzar nuestro objetivo de optimizar cada aspecto de la calidad de tu vida.

A medida que aprendas a profundizar en el vacío, descubrirás que es un lugar donde no tienes temores, ni sentimientos de lucha, ni de estrés o depresión, ni dolor, ni enfermedad, ni ira, ni celos, ni odio, no hay necesidad ni deseos. El vacío es un lugar de paz perfecta donde puedes renovarte por completo.

Los ejercicios activos y las meditaciones de Spring Forest Qigong están diseñados para ayudarte a aprender a ir al vacío, experimentar su serenidad y renovarte.

Qigong y los sonidos

La mayoría de las formas de Qigong se centran en tres partes clave para equilibrar tu Qi a través de la respiración de Qigong, las posturas o movimientos del cuerpo y el poder de la mente a través del enfoque y la meditación. De hecho, hay una cuarta parte que también es muy útil e importante: los sonidos.

Los sonidos se han utilizado en la meditación y para equilibrar el Qi del cuerpo durante milenios. En la meditación budista, hay muchos cantos diferentes. Por ejemplo, el canto de tres sonidos "Ong... Uuu... Jong..." Los budistas creen que "Ong" es el sonido fundamental del origen de la vida en el universo. Se cree que "Uuu" es el sonido del comienzo del desarrollo de la vida en el universo. Se cree que "Jong" es el sonido fundamental del poder oculto del desarrollo de la vida en el universo.

Cuando cantas "Ong", el sonido comienza desde tu Dantian inferior, que está en tu interior detrás del ombligo. La energía viaja a lo largo del canal frontal en el cuerpo hasta la garganta y sale por la nariz. Ayuda a abrir el canal frontal.

Cuando cantas "Uuu", el sonido comienza desde la base de la garganta, sube hasta la parte superior de la cabeza y luego baja para ayudar a abrir todos los canales en ambos brazos. Sentirás la vibración de hormigueo en el centro de tus palmas.

Cuando cantas "Jong", el sonido comienza desde el pecho. Sube hasta la base de la garganta, desciende por los canales en ambos lados del torso, hasta que llega a la parte inferior del torso. Entonces la energía entra en el canal central del cuerpo. Después de eso, la energía bajará a lo largo de las dos piernas hasta la planta de los pies. Esto ayuda a que todos los canales en las piernas se abran.

El canto de seis palabras **"ONG, MA LEE, BAE MAE, HONG"**

"Ong" significa el corazón de la sabiduría. Esta es la sabiduría del universo. "Ma Li" significa el corazón de una persona que está lleno de cambios. "Bei Me" significa la pureza del corazón, el vacío. "Jong" significa la iluminación de una persona con la sabiduría del universo, o con el poder de Dios.

El sonido "Ong" puede ayudar con problemas en los ojos, los oídos, la nariz y todo tipo de dolores y problemas de la cabeza. "Ma Li" puede ayudar con problemas en la garganta, los hombros, los codos, el corazón y los pulmones. "Bei Me" puede ayudar con problemas en la columna vertebral, la espalda, los riñones, el estómago y los intestinos. "Jong" puede ayudar a curar los problemas en las articulaciones del cuerpo y las piernas.

En la meditación taoísta, también hay muchos otros cantos. El más popular es el canto de seis palabras: "SHII, UUU, JUU, XII, CHUI, YII". "SHII" es el sonido de la primavera. Ayuda con todos los problemas en el sistema hepático. "UUU" es el sonido del verano. Ayuda a curar todos los problemas en el sistema cardíaco. "JUU" es el sonido de las estaciones. Ayuda con el páncreas. "XII" es el sonido del otoño. Ayuda con problemas en el sistema pulmonar. "CHUI" es el sonido del invierno. Ayuda con los problemas en el sistema renal. "YII" va al TRES JIAO, que está en la sección central del torso, entre el corazón y el hígado.

Como todas las cosas, los sonidos también son energía. Y, como toda energía, cada sonido tiene su propia frecuencia y vibración. Se sabe mucho acerca de las vibraciones de diferentes sonidos e incluso tenemos equipos para medir la vibración y la frecuencia del sonido. No se sabe tanto acerca de cómo la vibración del sonido también puede ayudar a abrir los canales de energía en el cuerpo y ayudar al cuerpo a sanar. Además, los sonidos pueden ayudarte en la meditación para penetrar en el vacío de una manera más rápida y más profunda.

Los sonidos de Spring Forest Qigong

En Spring Forest Qigong, practicamos dos sonidos: "OHHMM" y "MWAAH". Cuando cantas o meditas en "OHHMM", la energía baja desde la garganta hasta la parte inferior del torso a lo largo del canal frontal. Cuando cantas o meditas en "MWAAH", la energía viaja por el canal posterior, llamado el Canal Principal (o Gobernante), a lo largo de la columna vertebral.

Estos dos canales principales forman el "Pequeño Universo" en el cuerpo. Al colocar tu lengua suavemente contra el paladar se conectan estos dos canales. De esta manera, la energía del sonido ayuda a abrir el "Pequeño Universo". Si podemos mantener abierto al "Pequeño Universo", el Qi siempre fluirá sin problemas y permanecerá en equilibrio, y no habrá enfermedades ni bloqueos de energía en el cuerpo.

(Podría parecer lógico que las personas que no pueden escuchar no pueden beneficiarse de estos sonidos. No es así. Las personas que no pueden escuchar también se pueden beneficiar con ellos. Recuerda, dijimos que todo es energía con su propia vibración y frecuencia. Los pensamientos son energía, al igual que los sonidos son energía. Solo con enfocar la mente, y meditar en las palabras que crean estos sonidos sin realmente escucharlos también hace un buen uso de la vibración y la frecuencia de estos "sonidos").

Cada aspecto de Spring Forest Qigong; la respiración, los movimientos, los pensamientos, las meditaciones y los sonidos, todos trabajan en conjunto para ayudar a sanar la mente, el cuerpo y el espíritu por completo. Es posible que no puedas ver la energía del Qi a medida que fluye a través de tu cuerpo, pero es real y ahora tienes algo de experiencia sobre cómo funciona la energía Qi.

Bloqueos energéticos

Río de energía

Piensa en los canales de energía en tu cuerpo como una corriente o un río. Cuando el río fluye suavemente todo está bien. Los agricultores pueden tomar agua del río para sus cultivos. Los pueblos y las ciudades pueden tomar agua del río para que la gente la tome. Incluso puedes divertirte flotando en un neumático río abajo en un día caluroso.

Pero si ocurre algo que provoque un bloqueo en el río, esto puede causar muchos problemas. Si hay agua debajo del bloqueo, el río se puede secar y no hay agua para beber ni para los cultivos de los agricultores. Si hay agua arriba del bloqueo, el río se puede desbordar y causar inundaciones.

Con un río es fácil ver que un bloqueo puede causar muchos problemas. Sucede lo mismo con los canales de energía en nuestros cuerpos.

Si queremos tener mayor salud, si queremos sentirnos lo mejor posible, tenemos que mantener estos canales de energía abiertos y que la energía fluya libre y sin problemas. Por lo que -cuando tenemos bloqueos- necesitamos abrir o eliminar estos bloqueos para reequilibrar la energía Yin-Yang.

Todo es energía. Tú eres un ser de energía. Tu mente, tu cuerpo y tu espíritu son todos energía. Mientras la energía Qi fluya a través de tu cuerpo, la vida continúa. Cuando el Qi deja de fluir termina esta vida. Cuando el flujo del Qi se detiene o se interrumpe te enfermas. Todas las enfermedades en tu cuerpo, mente o espíritu son causadas por bloqueos de energía. Remueve el bloqueo y restablece el equilibrio energético.

Recuerda que estamos formados por dos tipos de energía Qi: Yin y Yang. Yin significa algo femenino, pasivo y espiritual; Yang significa algo masculino, activo y físico. Ejemplos de Yin serían mujer, agua, vida espiritual y tierra. Ejemplos de Yang serían el hombre, el fuego, el cuerpo físico y el cielo. Las energías de Yin y Yang deben estar en un buen equilibrio. Mucho Yin o demasiado Yang causarán desequilibrio en el cuerpo. Lo llamamos enfermedad. La energía Yin no puede vivir sin la energía Yang, y la energía Yang no puede vivir sin el Yin. Además, en ciertas situaciones, la energía Yin se convierte en energía Yang y la energía Yang se convierte en energía Yin.

Cuando Yin y Yang no están en equilibrio se forma un bloqueo en el cuerpo. Los resfriados, la artritis, la depresión, los tumores, etc., son simplemente los síntomas del desequilibrio de Yin y Yang. Este bloqueo evita que la energía fluya libremente en ciertos canales de energía. Estos canales de energía recorren todo el cuerpo para mantenerlo en pleno funcionamiento.

Tenemos muchos canales de energía en nuestro cuerpo. Hay doce canales principales, más ocho canales de reserva. Cada canal tiene un propósito específico. Los principales canales llevan energía a donde necesite energía el cuerpo. La energía extra en los canales principales fluye hacia los canales de reserva. El cuerpo recurre a la energía en los canales de reserva cuando los canales principales están bajos.

Los bloqueos en los canales principales y en los canales de reserva impiden que la energía llegue a las partes del cuerpo que necesitan energía. Cuando el funcionamiento del cuerpo disminuye o se detiene nos sentimos enfermos.

La práctica de Qigong te permite eliminar los bloqueos de las energías Yin y Yang para que la energía pueda fluir a través del cuerpo en perfecto equilibrio. Con el equilibrio viene la curación. Con el equilibrio llega el máximo rendimiento. Con el equilibrio viene la paz interior, la armonía y la felicidad.

El ejercicio de Qigong y la meditación son formas activas y preventivas de curar el cuerpo, mientras que la medicina es una forma pasiva de curar el cuerpo. Ambos juegan un papel importante, pero el Qigong puede potencialmente curar el cuerpo de manera más efectiva y probablemente con perfección.

Hay muchas cosas maravillosas que la medicina moderna puede hacer. Nunca recomendaría que alguien deje de ver a su médico o deje de seguir el consejo de su médico. Creo que el Qigong puede trabajar de manera muy eficaz con la medicina moderna como una práctica complementaria.

Sé por experiencia propia que las personas que practican Qigong se recuperan mucho más rápido de la enfermedad. Las personas que practican Qigong y reciben quimioterapia para el tratamiento del cáncer han experimentado menos náuseas y su cabello ha vuelto a crecer mucho más rápido. Las personas que practican Qigong y se someten a una cirugía han experimentado menos dolor y una curación mucho más rápida.

La medicina moderna tiende a centrarse en los síntomas y en aliviar los síntomas. Mientras que el Qigong funciona de manera muy diferente, se enfoca en curar la raíz de la enfermedad y en la prevención. Una curación perfecta sana al cuerpo física, mental y espiritualmente al mismo tiempo. Por lo que sabemos, la mayoría de las técnicas de curación tradicionales ayudan al cuerpo físicamente. El Qigong abre la puerta para una curación holística y perfecta. Esto se necesita hoy más que en cualquier otro momento en la historia de la humanidad.

Con la revolución de las técnicas modernas y las computadoras, cada vez más personas trabajan en sus hogares o en una oficina. Se requiere cada vez menos esfuerzo físico. Debido a esto, cada vez más personas desarrollan desequilibrios Yin-Yang en el cuerpo. Como ya lo hemos mencionado, la energía Yin es algo pasivo. El trabajo mental pertenece a la energía Yin, mientras que el esfuerzo físico pertenece a la energía Yang.

En la actualidad usamos más energía mental o Yin y reducimos en gran medida las actividades físicas, la energía Yang. Eso significa que hemos creado un gran desequilibrio tanto para nuestro cuerpo físico como para nuestro cuerpo mental. Practicar Qigong es la forma más sencilla y fácil que conozco para corregir este desequilibrio en nuestras vidas. El Qigong es el ejercicio ideal para ayudarnos a lograr nuestro objetivo de salud perfecta.

Cuando haces Qigong conduces tu mente a un estado de paz y quietud, equilibrando la energía en el cerebro y ,a través de los movimientos activos de Qigong, también fortaleces la energía física.

Cómo se crean los bloqueos

Hay muchas cosas que pueden causar bloqueos de energía en el cuerpo: accidentes, medicamentos incorrectos, alimentos, incluso cambios en el clima. Pero la causa principal de los bloqueos de energía es la emoción. Las emociones son cosas buenas, pero las emociones desequilibradas son muy dañinas para nosotros.

Estrés, Ansiedad, Depresión

Déjame darte un ejemplo. Para mí, el estrés, la ansiedad y la depresión son lo mismo, pero en diferentes etapas. El estrés es lo primero. Puede crear ansiedad y después depresión. Entonces, ¿por qué sufrimos de estas cosas?

Permíteme compartir contigo un par de historias.

Arrepentimientos

Hace algunos años, conocí a una profesora de psicología

llamada Nancy. Un amigo chino le había recomendado que viniera a verme. Nancy había sido diagnosticada con cáncer de mama. Cuando vino a verme estaba muy deprimida y completamente estresada.

En la primera sesión, no me dijo mucho de sí misma, excepto información médica del hospital. Ella dijo que el cáncer era muy agresivo y que el médico quería operarla de inmediato. Estaba muy asustada y no quería hacerlo. Ella supo de mí y decidió venir a verme antes de tomar su decisión de operarse o no.

No dije mucho al respecto y le pedí que cerrara sus ojos y meditara. Durante la curación, no dejaban de salirle las lágrimas. Pasaron veinte minutos y ella dijo que se sentía mucho mejor. Luego concertó cinco citas más.

Cuando regresó para la segunda visita, me dijo que su tumor era más pequeño y que se sentía muy agradecida. Cada vez que trabajaba en ella, lloraba. En la quinta visita, dijo que el tumor se había vuelto mucho más pequeño y ahora era tan pequeño como la mitad de un centavo por lo que se sentía muy feliz. Cuando terminamos la curación, ella estaba tan emocionada que comenzó a contarme cosas sobre su vida.

Dijo que se sentía muy culpable por no cuidar bien de su esposo cuando él se enfermó. Él murió muy rápido después de enfermarse. No fue sino hasta que su esposo falleció que se dio cuenta de lo mucho que lo había amado. Sentía que no podría vivir sin él.

Lloraba todos los días y se deprimió mucho. Cuando estaba sola no podía evitar pensar en su marido. Se sentía muy culpable. Se culpaba a sí misma y sentía que no tenía ninguna esperanza en su vida. Entonces, un día encontró un tumor en su seno derecho. Estaba muy asustada. Fue al médico y las pruebas mostraron que era cáncer.

Charlamos un poco. Al final de nuestra conversación, le dije: "Eres psicóloga. Estoy seguro de que sabes cuánto afectan nuestras emociones a nuestros cuerpos, así que déjame hacerte una pregunta. Todos los días trabajas mucho. ¿Para qué?" Ella me miró y me preguntó: "¿Qué piensas tú?" Le dije: "¿Para sobrevivir?" "Correcto", asintió.

"Para poder sobrevivir hacemos todo tipo de cosas para asegurarnos de que nuestra vida esté protegida. Queremos los mejores tipos de seguros que podamos obtener. Queremos el lugar más seguro en el que podamos vivir. Queremos el mejor vehículo que podamos conducir. Si la vida es para la supervivencia, ¿para qué tipo de calidad de vida estamos sobreviviendo, para la felicidad o para la tristeza?" "Para la felicidad, por supuesto", respondió ella.

"Entonces, ¿en dónde podemos encontrar la felicidad? ¿Podemos encontrar la felicidad en el dolor del pasado? Por supuesto que no. No importa lo triste que estés, el hecho es que tu esposo ya ha avanzado en su círculo de la vida. Tu llanto, tu tristeza y depresión nunca ayudarán a devolverte su vida. Pero sí pueden afectar tu supervivencia".

"No puedes deshacer lo que ya está hecho. Si realmente

crees que le debes algo a tu esposo, ¿por qué no usar esto como una lección? En el futuro, cuando tengas un nuevo amigo, sabrás cómo cuidarlo o cómo cuidar bien de tu familia. Haz más acciones buenas para las personas que te rodean. Tu marido te mirará en el cielo. Cuando vea esto, estará muy feliz por ti y también muy orgulloso de ti".

"Suelta el costal pesado lleno de basura que cargas en la espalda. Busca tu felicidad hoy. Yo creo que la felicidad te espera. Si entiendes lo que quiero decir, no necesitas volver a verme. Podemos cancelar la última cita. Tu bloqueo desaparecerá por sí solo".

Ella me miró y me dijo que nunca había pensado de esta manera. Dijo que pensaría en lo que dije. Una semana después, regresó a verme. Dijo que iba a tirar el costal pesado que cargaba en la espalda y a vivir una vida feliz. Pero le daba gusto volver a verme porque decía que le gustaba mi energía. No volví a ver a Nancy.

Un par de años más tarde, una mujer vino a visitarme y me dijo que Nancy me enviaba saludos. Había pasado tanto tiempo que no recordaba quién era Nancy hasta que me lo recordó. Cuando le pregunté cómo estaba Nancy, me dijo que estaba bien. Su tumor se había ido por más de dos años, desde mi última cita con ella. Era una mujer muy feliz y saludable ahora.

Nancy había estado sana toda su vida antes de que su esposo muriera. Después de eso estaba tan agobiada por la culpa, que creó un gran estrés y depresión que contribuyeron a su enfermedad. Esas emociones ayudaron a causar los bloqueos energéticos que en el caso de Nancy produjeron el cáncer. El "peso" de esas emociones causó muchos bloqueos en su cuerpo que impidieron que su energía se equilibrara.

Al utilizar las técnicas de curación de Qigong, pude eliminar los bloqueos y ayudar a restablecer su equilibrio energético; pero, si hubiera seguido cargando ese costal de basura en su espalda, los bloqueos habrían seguido regresando.

Los bloqueos de Nancy

Probablemente te sorprenderá saber que, desde una perspectiva de Qigong, el cáncer de mama de Nancy tuvo más que ver con sus riñones que con cualquier otra cosa. Permíteme usar el caso de Nancy para darte un poco más de información sobre cómo funcionan los sistemas de energía en el cuerpo. Nancy tenía bloqueos en muchos lugares. Tenía algunos bloqueos en el sistema de energía del corazón. Estos fueron causados por sus sentimientos, pero esta no era su mayor preocupación. Los bloqueos del sistema de su corazón aún no habían afectado a su corazón físico. Pero esos bloqueos estaban afectando otros sistemas de energía en su cuerpo.

El duelo y la tristeza de Nancy causaron mayores bloqueos y problemas en su sistema respiratorio o en los canales de energía pulmonar. Las emociones fuertes del duelo, debido a su vibración y frecuencia específicas, están conectadas más directamente con el sistema de la respiración. Los bloqueos en su sistema respiratorio, sus canales de energía pulmonar, fueron la causa principal de la depresión de Nancy. Es una enorme simplificación, pero la depresión siempre está relacionada con los bloqueos en este sistema. La depresión es uno de los problemas mentales que pueden surgir de los bloqueos en el sistema respiratorio y los canales pulmonares.

Como es de esperar, el sistema respiratorio incluye a los pulmones, la garganta, la nariz y los senos paranasales. Pero el sistema de respiración también incluye al intestino grueso, la piel y el vello de la piel, excepto el cabello en la cabeza.

Un problema en cualquier sistema generalmente conduce a problemas en otros canales y sistemas de energía. En el caso de Nancy, sus bloqueos más graves estaban en su sistema de energía renal. Este sistema es extremadamente importante porque la energía renal es la fuerza vital del cuerpo. La baja energía renal afecta a todos los demás sistemas. El sistema de Nancy se debilitaba cada vez más.

El cáncer de mama de Nancy fue causado principalmente por los bloqueos en los canales de energía de sus riñones. Verás, los senos son parte del sistema energético del riñón. Los senos están físicamente más cerca del corazón y los pulmones, pero no son parte del sistema energético del corazón ni del sistema energético respiratorio. Los senos forman parte del sistema renal, al igual que la vejiga, los órganos reproductivos, las orejas y el cabello en la cabeza. Los bloqueos de

Nancy podrían haber provocado cáncer de vejiga o de ovario tan fácilmente como el cáncer de mama.

Centrarse únicamente en los bloqueos en los canales de sus riñones podría haber permitido que su cuerpo se librara de sus tumores de mama cancerosos. Pero eso no habría solucionado los problemas de Nancy. Eso solo habría tratado el síntoma y no el problema general. Por ejemplo, no la habría ayudado con su depresión,

Incluso al eliminar los bloqueos de los canales renales y habiendo desaparecido el tumor de su cuerpo, Nancy se habría enfermado de nuevo y probablemente de manera muy rápida. Es posible que surgiera otro tumor en su seno o en otra parte de su anatomía relacionada con el sistema renal. O bien, podría haber desarrollado un problema completamente diferente. Eso dependería del lugar donde surgieran los siguientes bloqueos más graves, así como los canales de energía y los sistemas que se vieran más afectados.

Es por esto que el Qigong no se enfoca en tratar los síntomas. En el mejor de los casos el tratamiento de los síntomas es solo temporal. Recuerda, todo el propósito del Qigong es equilibrar toda la energía y los sistemas de energía en el cuerpo. Esa es la única manera en que podemos lograr una salud perfecta y nuestro objetivo de mejorar la calidad de cada aspecto de nuestras vidas.

Al eliminar todos los bloqueos en cada uno de sus sistemas de energía, ayudé a que el cuerpo de Nancy recuperara el equilibrio. Pero los bloqueos hubieran regresado si no hubiera cambiado su forma de pensar y su visión de la vida.

Aprender sobre todos los sistemas y canales de energía en el cuerpo y cómo interactúan requerirá muchos años de estudio. Lo maravilloso del Qigong es que no necesitas saber nada de esa información para recibir todos los beneficios del Qigong. No necesitas ser un ingeniero automotriz para llevar a tu familia a dar un encantador paseo por el campo, ¿verdad? Por supuesto que no, solo necesitas saber cómo conducir de forma segura.

Aprender y practicar Spring Forest Qigong te dará todo lo que necesitas para eliminar los bloqueos de energía en tu cuerpo y mantenerte en perfecto equilibrio con la energía fluyendo sin problemas. Todo lo que tienes que hacer es aprender y practicar.

Miedos futuros

En la época en que conocí a Nancy, vino a verme una mujer joven de aproximadamente veinte años llamada Amy. Estaba casada y tenía hijos pequeños. Su médico había encontrado nódulos en sus pechos. La operaron pero se desarrolló otro nódulo. Había un historial de cáncer de mama en su familia, y cuando se encontró otro bulto, estaba muy preocupada.

Cuando vino a verme, era obvio lo que le estaba pasando. Le dije que el estrés era la causa de todos sus problemas. Ella se preocupaba por muchas cosas: cuestiones materiales, asuntos financieros. ¿Habrá suficiente dinero? ¿Recibirían sus hijos la educación correcta? Mucha preocupación. Mucho estrés.

Le dije que se tomara las cosas con calma. Lo que pasa, pasa. Lo que no suceda, no sucede. No te enfoques en las cosas. Concéntrate en lo maravillosa que es la vida. La vida es corta. No tienes tiempo para preocuparte por todas estas cosas. Enfócate en las cosas positivas.

Utilicé las técnicas de Spring Forest Qigong para eliminar los bloqueos en su cuerpo y ayudarla a equilibrar su energía. Después de su primera visita, el tumor había desaparecido en un 95 por ciento. Se redujo al tamaño de un chícharo. Después de su segunda visita desapareció por completo.

Poco después, ella me escribió una carta. Dijo que al dejar mi casa después de la primera visita, se sintió maravillosa. Dijo que notó todas las cosas hermosas que la rodeaban. Dijo que por primera vez en su vida realmente notó a los pájaros cantando y lo maravillosos que sonaban. Se dio cuenta que el pasto es verde. Dijo que nunca antes se había dado cuenta de que el pasto era verde.

Muchas personas pasan por la vida sin darse cuenta de todas las cosas hermosas que el mundo tiene para ofrecer. Una sonrisa. Una risa. Un atardecer. O bien que el pasto es verde.

No hay nada malo con las cosas materiales. No hay nada de malo en querer una casa hermosa o un buen auto o querer las mejores cosas de la vida para tus hijos. Todas estas cosas están bien. Pero centrarse en ellas, luchando por obtenerlas, temiendo que no las tengas, hace que tu energía esté fuera de equilibrio. Puede causar estrés y otras emociones negativas que causan bloqueos, y tarde o temprano se convertirán en una enfermedad. Y, ¿qué es un malestar físico sino una falta de bien-estar?

No te enfoques en las cosas materiales a expensas de las cosas espirituales. No vale la pena el precio que pagarás. Mantén todas las cosas en su justo equilibrio. Por favor recuerda que el Qigong tiene todo que ver con el equilibrio.

Nancy se sintió abrumada al preocuparse por el pasado. Amy se sintió abrumada por los temores sobre el futuro. El resultado fue el mismo. Sus emociones crearon bloqueos de energía que eventualmente hicieron que se enfermaran gravemente.

Al practicar Spring Forest Qigong, es posible que, tal como le sucede a la mayoría de los estudiantes, todos los aspectos de tu vida comiencen a equilibrarse perfectamente de forma natural y hermosa. A medida que tu energía cambia y comienza a equilibrarse, tu percepción de las cosas que te rodean, las experiencias que tienes, también comenzarán a cambiar. La forma en que reaccionas y respondes a estas experiencias también comenzará a equilibrarse de manera natural. Encontrarás que no vives ya en el pasado o en el futuro, sino que vives en este momento plenamente. Creo que estarás de acuerdo en que esta es la forma más placentera y plena de vivir.

El Qi (la energía) de las Emociones

Escoger el cielo o el infierno

Hace mucho, mucho tiempo, existió un famoso comandante militar que nunca había perdido una sola batalla. Era el comandante más exitoso de su tierra. Cuando este comandante escuchó las historias de Buda, se sintió muy intrigado y quiso saber más sobre las enseñanzas budistas.

El comandante decidió viajar a un templo budista y dentro se encontró con un viejo monje. El comandante confrontó al viejo monje con una pregunta y exigió saber la respuesta. "En el budismo" -dijo el comandante- "existen el cielo y el infierno. ¿Dónde está el cielo y dónde está el infierno? ¿Me los puedes mostrar?"

El viejo monje le pidió al comandante que se sentara y le sirvió un poco de té. Conversó con calma con el comandante sobre muchas cosas, pero no contestó su pregunta. De repente, el monje se enfureció. Comenzó a gritarle al comandante y señalarlo con el dedo. "Eres un monstruo.

Has matado a mucha gente. Eres malo. Eres un demonio. Vete de aquí. ¡Ahora!"

El comandante se paró de un salto con gran conmoción y asombro. En su vida nadie se había atrevido a hablarle de esa manera. Estaba tan enojado que agarró su espada y la desenvainó. Al dar un paso adelante para matar al monje, el anciano se reclinó tranquilamente, cerró los ojos y, con una sonrisa en su rostro, entró en su meditación.

Este gesto detuvo al comandante en seco. Nunca había visto a nadie reaccionar así ante la amenaza de la muerte. Mientras miraba al monje, su ira se fue y volvió a guardar su espada.

El monje se quedó allí sentado y finalmente el comandante se dio la vuelta y se alejó. Cuando llegó a la entrada del templo, se volvió hacia el anciano y gritó: "¡No contestaste mi pregunta!"

El monje respondió: "Sí, lo hice".

"¿Cuándo?" exigió saber el comandante.

"Justo ahora", dijo el monje. "Cuando levantaste tu espada para matarme, estabas en el infierno. Cuando la guardaste sin usarla, saliste del infierno y entraste en el cielo".

El comandante miró fijamente al monje durante un largo rato. Luego, puso bajó su espada y se sentó junto al viejo monje para convertirse en su discípulo. Se había iluminado.

¿Cielo o infierno? Hacemos esa elección todo el tiempo.

Buda dijo: "¿Dónde está el principio? ¿Dónde está el final? Todo lo que sucede en el mundo comienza debido al corazón y termina también debido al corazón".

El cielo y el infierno están solo a una puerta uno del otro. Si quieres elegir el infierno, puedes hacerlo. Si quieres elegir el cielo, puedes hacerlo. Depende de lo que quieras.

Las elecciones que hagas son una parte clave del Qigong. Puedes elegir ser proactivo y hacer cosas como practicar Qigong, o no. Puedes elegir la confianza o la duda. Curarte o no curarte, esa también es tu elección.

Vibración (energía) y frecuencia Qi

Nuestros sentimientos, pensamientos y emociones son energía. Como todas las cosas, cada uno tiene su propia frecuencia de energía y vibración. Cuando esa frecuencia y vibración se encuentran con la frecuencia y vibración de un órgano en el cuerpo, producirán resonancia. Cuando esta resonancia de sentimientos "negativos" ocurre con demasiada frecuencia o es demasiado fuerte, puede causar daño al órgano. La resonancia creada por pensamientos y emociones positivas y equilibradas puede ayudar a fortalecer y sanar el órgano.

Esto te puede sonar extraño, pero hay muchos eminentes científicos que teorizan que la vibración es clave para entender al universo. Es parte de lo que llaman "teoría de cuerdas". Su teoría es que el componente básico de todo lo que existe no son partículas, sino algo que comparan con una pieza de "cuerda" infinitamente pequeña de una sola dimensión. Y es la vibración de la "cadena" la que determina qué tipo de partículas atrae y -por lo tanto- en qué se convierte la "cuerda".

Los eruditos chinos, en su observación a largo plazo, aprendieron que el exceso de exaltación afecta la energía del corazón, la ira afecta la energía del hígado, el miedo afecta la energía del riñón, la depresión afecta la energía del pulmón y el exceso de esfuerzo mental desequilibra la energía del estómago y el páncreas. Si permitimos que estas emociones poderosas y "negativas" permanezcan en el cuerpo por mucho tiempo, la vibración de estos sentimientos ciertamente causará bloqueos y dañará a los órganos y nos enfermamos.

Piensa en tu propia vida. Respondes de manera muy diferente a una sonrisa que a una mirada enojada. Una sonrisa es edificante. Te hace sentir mejor. Una sonrisa ayuda a tu cuerpo a relajarse. Tu respiración, tu ritmo cardíaco, tu sistema inmunológico, cada parte de ti se ve afectada de manera positiva. Una mirada enojada crea la reacción opuesta.

Nos gusta la vibración energética de una sonrisa, pero no nos gusta la vibración energética de una mirada enojada. La vibración del enojo lastima la energía del hígado en tu cuerpo, mientras que la vibración de una sonrisa reconforta tu alma y ayuda a que el cuerpo sane.

Todos los días, tenemos la oportunidad de elegir "el cielo o el infierno" de diversas maneras. Sentimos estrés, ira, miedo y celos porque elegimos tenerlos. Causan bloqueos de energía y dañan el cuerpo.

Tenemos muchas opciones. Podemos elegir ignorar estas cosas "negativas" cuando suceden. Podemos elegir olvidarlas, perdonarlas, o podemos elegir aceptarlas de una manera positiva. Por ejemplo, podemos elegir pensar que son grandes oportunidades que nos ayudan a crecer. Y, en realidad, eso es exactamente lo que son: grandes oportunidades para crecer y para purificar nuestra propia energía.

Sentimos amor, bondad, perdón y felicidad porque elegimos sentirlos. Ayudan a sanar el cuerpo, la mente y el espíritu. La vibración de la energía del amor es la más poderosa en la curación, ya sea que te cures tú o que ayudes a los demás.

Estas no son solo las elecciones más positivas; también son las más prácticas. Te ayudan y te curan, mientras que las otras te lastiman.

Creo que la elección es fácil. Practicar Spring Forest Qigong puede ayudarte a tomar esta elección saludable todos los días. Pruébalo y verás. Pronto te darás cuenta que tomas una tras otra elección saludable sin siquiera pensarlo.

Somos muy rápidos para juzgar. Algo que parece muy negativo puede resultar muy positivo. Cuando miro mi propia vida, sé que esto es cierto. Pasé por mucho dolor y sufrimiento en mi vida que me llenó de ira y resentimiento. Cada vez que sucedía algo positivo, sucedía algo que me causaba dolor.

Pero, si no hubiera sido por todo ese dolor, el sufrimiento y las lesiones, quizás no habría encontrado mi verdadero camino. Esa es la forma en que ahora elijo ver esas circunstancias. Esas son las experiencias que me llevaron a la mayor alegría que podría tener: ayudar a los demás todos los días.

El Qi (la energía) del Espíritu

La otra razón principal por la que tenemos bloqueos de energía en nuestros cuerpos es que perdemos nuestra conexión espiritual. Perdemos la confianza en el universo. La energía para sanar tu cuerpo, mente y espíritu proviene del universo.

Somos del universo. Vivimos en este cuerpo en el universo. Y también regresaremos al universo. Antes de tener nuestros cuerpos individuales para experimentar esta vida, todos somos uno. Todos venimos de la misma fuente, el universo. Venimos del universo. Volvemos al universo. Nosotros somos el universo.

Todo en el universo está formado por la unión de la energía Yin y Yang. Estos dos siempre se atraen el uno al otro. Cuando las energías del Yin y el Yang se mueven y se encuentran en un punto diferente en el tiempo, en un lugar diferente en el espacio y a una velocidad diferente, se crean diferentes cosas. Es por eso que hay tantas cosas diferentes y maravillosas en el universo. Debido a que todos provienen de la misma fuente, cada uno contiene todos los mensajes e información del universo. Esto pasa con todo, incluyendo nuestros cuerpos.

Hoy en día, cosmólogos y físicos, grandes científicos, saben que todo en el universo proviene de la misma fuente. Todo lo que vemos fue creado después del "Big Bang", una liberación masiva e incomprensible de energía. No saben qué forma tenía esta energía antes del "Big Bang", pero saben que todo en el universo proviene de esta forma de energía.

Nuestro cuerpo físico es energía Yang. Nuestro cuerpo espiritual es energía Yin. Juntos crean lo que somos. Enfocarnos solo en nuestro cuerpo físico, en las cosas físicas y no enfocarnos por igual en las cosas espirituales crea un desequilibrio de energía.

La espiritualidad no es religión, aunque muchas religiones son muy espirituales. Cualquier religión que enseñe el amor, la bondad y el perdón es muy útil para la curación y puede ser muy útil en tu práctica de Qigong. Sin amor, bondad y perdón, tu sanación no puede ser completa ni duradera.

Recuerda, los pensamientos y sentimientos son energía con diferentes frecuencias, vibraciones y resonancia. La energía, la frecuencia, la vibración y la resonancia del amor, la bondad y el perdón son las más poderosas para la curación.

El Qigong no es una religión así como que el universo no es una religión. El universo es simplemente el universo. El universo es una fuente de energía ilimitada al que todos podemos recurrir. En esa energía están las respuestas a todas nuestras preguntas y la fuente de nuestra curación.

La curación por Qigong a veces se llama curación de información, curación de mensajes, curación de señales. Todo es lo mismo, solo con palabras distintas. Todas son formas de energía. El universo contiene toda la energía, los mensajes, señales e información. Y todo está disponible para todos nosotros, todo el tiempo.

Por supuesto todos los mensajes de Dios, Alá, Buda, Jesús, Lao Tzu están en el universo. Buda dijo que no necesitas ir a ningún lugar para encontrar a tu Buda; Buda está en tu corazón. Cristo dijo que no necesitas ir a ningún lugar para encontrar a Dios; el reino de Dios está en tu corazón.

Cuando confías en esta información, cuando confías en el universo, le pides ayuda al universo, esperas la información del universo y obtienes el tipo correcto de energía que necesitas. Cuando esta energía se une con tu propia energía y despiertas la energía en tu cuerpo, el poder está más allá de nuestra imaginación.

¿Cuál es la herramienta para despertar la sabiduría interior y el poder del universo en el cuerpo? Confía en el universo. Ríndete al universo. Olvídate de ti mismo. Cuanto más confíes en el universo, más te acercarás al vacío, y más energía despertará en tu cuerpo.

Entonces, llegamos a la contraseña:

Yo estoy en el universo

El universo está en mí.

El universo y yo somos uno.

Al decir eso, relájate por completo y usa tu conciencia para sentir que el universo y tu cuerpo son uno. Se fusionan de tal forma que no puedes distinguir cuál es tu cuerpo y cuál es el cuerpo del universo. El universo y tu cuerpo son uno. Intenta permanecer en esta sensación tanto tiempo como puedas. Cuanto más tiempo mejor. Esta es la experiencia de entrar en el vacío.

De esta forma, la frecuencia y la vibración de la energía del universo y tu cuerpo se pueden combinar y permanecer juntas por más tiempo. La energía del universo asimilará la de tu cuerpo. Entonces: ¡Tus centros de energía se abrirán, y abrirán, y abrirán! ¡Todo el poder, la energía perfecta, ilimitada y sanadora del universo está disponible para que la uses en tu sanación!

Las palabras exactas que elijas decir pueden ser un poco diferentes. Eso está bien. El sentimiento y el significado son lo más importante. Si eres una persona religiosa, puedes elegir usar una palabra religiosa para representar el universo. No importa las palabras que uses, si representan amor, amabilidad, perdón y energía ilimitados para ti, eso es maravilloso y eso es lo que importa.

Los sentimientos que experimentas y las imágenes que tienes en tu mente no serán exactamente las mismas a las de otra persona. Eso está bien. Todos somos diferentes.

Algunos de mis alumnos se sienten flotando por el universo. Otros se ven junto a un hermoso lago de montaña o por el océano. Una de mis alumnas me dijo que se ve caminando con Jesús.

Simplemente suelta tu ser consciente y conviértete en uno con el universo. Cuando hagas eso, comenzarás a experimentar el vacío.

A medida que practiques más, tu experiencia y tus sentimientos serán de una paz, tranquilidad y quietud perfectas. Ese es el vacío. Es muy hermoso y muy, muy poderoso. Aquí es donde se encuentras el poder curativo del Qigong.

Permíteme que te comparta una historia sobre otro alumno mío. Primero vino a verme para una curación personal y más tarde se convirtió en un estudiante de Spring Forest Qigong. Cuando su esposa e hijas vieron el gran progreso que había logrado en su salud, todos los integrantes de la familia se convirtieron en alumnos míos. Nos divertimos mucho cuando nos conocimos.

Entonces su esposa e hijas dejaron de asistir a mi clase. Por lo común venían juntos, pero ahora solo venía el marido. Un día, después de mi clase, le pregunté al marido cómo estaba su familia. Dijo que todo estaba bien, excepto la práctica de Qigong.

Me dijo que un domingo en la mañana, su esposa conoció a alguien en su iglesia que le dijo que el Qigong no era aceptado por Dios. Esta persona le dijo que Dios no nos pidió que hiciéramos Qigong. Esa persona le dijo que si hacíamos Qigong no podríamos unirnos con Dios en el cielo después de nuestra muerte.

Estaba tan asustada que no vino a terminar su clase de Qigong cuando estaba a mitad de camino. Ella se negó a permitir que sus hijas asistieran a mi clase. También le dijo a su esposo que si él traía a las niñas a la clase ella se divorciaría de él. Él no quería el divorcio, por lo que vino a clase solo. También me dijo que creía firmemente que algún día su esposa regresaría al Qigong.

Un par de meses más tarde, me llamó para decirme que su esposa lo dejaba usar Qigong para aliviar el dolor en sus hombros. Poco después, me llamó para decirme que su esposa había decidido permitir que sus hijas practicaran Qigong en sus habitaciones.

Dijo que ella había cambiado de opinión debido a los cambios positivos que vio en su esposo desde que comenzó a practicar Spring Forest Qigong. Ella dijo que él se había vuelto más amoroso, amable y considerado. A ella le gustaban mucho esos cambios y simplemente no podía ver cómo el Qigong podía ser malo cuando producía cambios como ese en su marido.

Medio año después, un día me llamó; estaba muy emocionado. Dijo que toda la familia iba a regresar a tomar mis clases de Qigong. Ahora todos han terminado el Cuarto Nivel. Todos quieren convertirse en sanadores de Spring Forest Qigong.

También he tenido estudiantes que me dijeron que después de practicar Spring Forest Qigong redescubrieron su fe religiosa y comenzaron a regresar a su lugar de culto. Me siento muy feliz cada vez que escucho ese tipo de historias. Apoyo todo lo que traiga más amor, bondad y perdón a nuestras vidas y a nuestro mundo. Es muy curativo para una persona, para una familia, para una comunidad, para el mundo entero.

Una vez más, el Qigong no es una cuestión religiosa. Pero el Qigong es algo espiritual porque somos seres espirituales, lo reconozcamos o no. El amor, la bondad y el perdón son muy espirituales y muy curativos. Es por eso que practicamos Qigong, para sanar. Para sanarnos a nosotros mismos, a los demás y a nuestro mundo.

El Qi (la energía) y el rendimiento óptimo

Como ya has leído, soy un gran fanático del baloncesto. Me gusta jugar y me gusta ver baloncesto. No tengo la oportunidad de ver mucha televisión, pero sé que los deportes que pasan en la televisión son muy populares.

A menudo en estos programas deportivos escuchas a los entrenadores o comentaristas hablar sobre la energía de los jugadores. También hablan de cómo el nivel de energía es clave para el rendimiento máximo.

Cuando escucho esto, siempre pienso que los jugadores deberían estar practicando Qigong. Qigong tiene que ver con la energía, con el máximo desempeño. No puedes tener un rendimiento máximo en los deportes, la salud o cualquier otro aspecto de tu vida, cuando tienes bloqueos de energía en tu cuerpo, o cuando tu energía no está equilibrada y no fluye libremente de la forma en que estaba destinada a hacerlo.

Rendimiento deportivo

Uno de mis alumnos más avanzados y dedicados en cierta época fue un jugador profesional de baloncesto. A los veinte años, Jim Nance fue reclutado para jugar en un equipo profesional en Europa. Jim había dedicado su vida al baloncesto y esperaba una carrera en la NBA después de una temporada exitosa en Europa. Pero una serie de lesiones graves terminaron su carrera después de una sola temporada.

Jim había sufrido problemas de la espalda por muchos años. Se había lastimado gravemente los tobillos y las rodillas, y sufría lesiones en los hombros que con el tiempo limitaron enormemente su rango de movimiento. "Me fue imposible seguir jugando con la pelota", decía Jim. "Realmente no podía mantenerme de pie. Driblaba por la cancha y, de repente, perdía la fuerza en la pierna".

Jim se sometió a una cirugía en la espalda y las rodillas, pero su tratamiento médico no fue completamente exitoso. El repentino fin de su carrera que Jim había estado planeando durante toda su vida lo causó un gran sufrimiento no solo físico, sino también emocional, que era aún peor. "Con el dolor físico había vivido toda mi vida, así que estaba acostumbrado al dolor físico. Pero en ese momento, no tenía dirección. Me tomó años darme cuenta de que mi problema era la falta de dirección; y no era tanto vocacional como espiritual".

Durante los siguientes veinticinco años, Jim viajó por Estados Unidos y por todo el mundo en busca de respuestas a sus desafíos físicos y emocionales. En 1995, poco después de regresar a Minnesota, supo de mí y vino a verme. "En esa primera sesión, el 80 por ciento de mi dolor desapareció. Realmente podría mover mis tobillos de nuevo", dijo Jim. "Podía mover mis hombros. Tenía de nueva cuenta un rango completo de movimiento y no había podido levantar mis hombros o levantar mis brazos por encima de mis hombros en años".

"Lo que experimenté con Chunyi fue inmediato, inmediatamente sentí liberación y alivio. Sentí como si me hubieran quitado una carga de los hombros, físicamente sentí que podía moverme de nuevo sin mucha incomodidad. Eso realmente despertó mi interés".

"Si hubiera sabido de Chunyi y Spring Forest Qigong cuando jugaba, estoy seguro de que hubiera prolongado mi tiempo en los deportes. De seguro me habría ayudado físicamente. Además, me habría ayudado con la concentración. Habría ayudado con mi actitud. Habría ayudado con mi opinión general sobre cómo competir, una competencia saludable en lugar de una competencia no saludable. Definitivamente hubiera cambiado mi estilo de vida más allá del baloncesto. Hubiera aumentado mi comprensión de cómo ciertas actividades realmente agotan tu energía, y otras construyen tu energía y fortalecen tu cuerpo. Entonces, sé que habría jugado más tiempo".

Con base en sus experiencias, Jim cree que Spring Forest Qigong sería útil para los atletas profesionales en muchos niveles.

Jim lo explica así.

Conocimiento y Responsabilidad

"Hay atletas y entrenadores que ya están interesados en enfoques alternativos de pensamiento. Están interesados en el pensamiento oriental y hacen meditación y Tai Chi. Aunque no lo saben. No es lo mismo. Los resultados llegan más rápido con Spring Forest Qigong porque puedes dirigirte a órganos específicos, porque puedes dirigirte a grupos musculares específicos y porque puedes curarte rápidamente".

Es muy diferente a otras formas de curación que conozco. Y puedes hacerlo tú mismo, esa es la clave.

"Muchos equipos pueden tener un acupunturista, o pueden tener un especialista en shiatsu, y muchos entrenadores saben sobre acupuntura, shiatsu y otras técnicas. Sin embargo, los atletas no tienen tiempo para estudiar todo esto, por lo que acuden al entrenador y le dicen, "repárenme".

"Con el Qigong, si tienen un dolor, pueden hacer algo al respecto antes de tener que lidiar con un entrenador o un médico. Pueden hacer algo de inmediato y luego pueden ir a consultar a un entrenador o un médico para ver si se necesita hacer algo más. La diferencia en esto es que hace que el atleta se responsabilice de su propia salud".

"Cuando las personas sienten que pueden ser responsables y tienen una recompensa que acompaña esa responsabilidad, su nivel de compromiso consigo mismos aumenta. Dicen, "Okey, puedo hacer esto". Se sienten más capaces. "El nivel de confianza aumenta, y eso afecta el rendimiento en la cancha, así como las elecciones de vida fuera de la cancha o donde sea que el atleta esté involucrado".

Confianza y calma

"Tan solo con saber cómo funciona el cuerpo desde una perspectiva diferente, desde una perspectiva energética, ayuda a las personas a tener una mejor comprensión de lo que sucede cuando tienen bloqueos en el cuerpo. Y luego si sabes cómo eliminar esos bloqueos aumenta enormemente tu nivel de confianza. Es muy empoderante".

"Hay una sensación de bienestar y de calma que ayudarán en tu desempeño en los deportes como resultado del trabajo que haces con Spring Forest Qigong. Cuando estás tranquilo, no sientes fatiga porque el nivel de estrés disminuye. No sientes el mismo nivel de estrés. Entonces no sientes la fatiga en tu cuerpo como solías sentirla".

"Hay una experiencia de fatiga pre-Qigong -y una experiencia de fatiga post-Qigong- que son muy diferentes. Si trabajas con Spring Forest Qigong lo suficiente, aprendes que la fatiga es causada por los bloqueos, y que puedes romper esos bloqueos mientras estás desempeñándote. Al hacerlo evitas que la fatiga se afiance".

Perspectiva y valores

"Realmente ayuda con la perspectiva, con los valores. Te ayuda a identificar lo que es importante en tu vida. Ayuda con ese proceso. Empiezas a darte cuenta de que eres un ser espiritual y te ayuda a formar una especie de relación personal con algo más grande que tú. Sin lugar a dudas, creo que ese es el aspecto más importante. Te ayuda a sentirte en paz y claridad a cualquier cosa que hagas".

"Hay muchos atletas que compiten, se comparan y se niegan a sí mismos todo el tiempo. Todo lo que quieren es ser mejor que el otro y se pierden en el proceso porque están comparando constantemente lo que son y lo que tienen con lo que la otra persona está haciendo".

"El Qigong te abre a escuchar tus voces internas para que la creatividad surja desde adentro en lugar de imitar otra cosa o a alguien más".

"Creo que un atleta de hoy en día realmente se beneficiaría de involucrarse de esta forma con Spring Forest Qigong. Primero te convierte en una mejor persona y luego en un mejor atleta".

— Jim Nance

Si Spring Forest Qigong te puede ayudar a ser el mejor atleta que puedes ser, eso es algo maravilloso, pero además puede ayudarte, como dice Jim, a ser la mejor persona que puedas ser, a vivir tu vida con paz, claridad y alegría, eso es lo más importante.

Ayudando al desempeño de los demás

Permítanme compartirles otra historia que una de mis alumnas experimentó y me contó. Estaba viendo a su hijo jugar béisbol de ligas menores cuando llegó otra madre que cojeaba. Esa mujer era muy atlética y había sido una atleta competitiva en la universidad. Ese día llevaba puesta ropa deportiva de tenis.

Mi alumna le preguntó a su amiga qué le pasaba. La mujer respondió que se torció el tobillo al correr. Estaba realmente "desanimada" porque se suponía que iba a jugar un partido de tenis esa tarde e iba a tener que cancelarlo.

Mi alumna le dijo que podía ayudarla. Le contó un poco a su amiga sobre Spring Forest Qigong y la mujer le preguntó qué tenía que hacer. Mi alumna le dijo que solo colocara su lengua suavemente contra el paladar, que cerrara los ojos, que dibujara una sonrisa en su cara y tomara tres respiraciones lentas y profundas por la nariz. Luego, le dijo a su amiga que dijera repitiera mentalmente: "Mi dolor se ha ido. Estoy completamente curada". Luego simplemente relájate y piensa en algo realmente hermoso, algo que te haga feliz, le dijo.

Su amiga siguió las instrucciones y mi alumna usó las técnicas sencillas que aprendió en mis clases para ayudarla. Usando esas técnicas ayudó a eliminar el bloqueo de energía que la lesión había causado en el tobillo de su amiga. Luego usó las técnicas sencillas para ayudarle a equilibrar toda la energía de su cuerpo y ayudarla a que la energía fluyera libremente.

En unos diez o quince minutos terminó y le dijo a su amiga que tomara tres respiraciones profundas y relajadas por la nariz y que luego abriera los ojos lentamente. Mi alumna sonrió cuando su amiga abrió los ojos y dijo: "Ahora me siento mejor".

Su amiga movió un poco el tobillo, se levantó y dio unos pasos. Sus ojos se abrieron ampliamente y dijo con una gran sonrisa:

"No puedo creerlo. No me duele. Se siente perfecto". Estaba muy feliz.

Mi alumna me dijo que su amiga la llamó esa noche muy emocionada. Le contó que se había sentido maravillosa y relajada durante el resto del día y que jugó uno de los mejores juegos de tenis de toda su vida. Estaba asombrada.

Mi alumna se limitó a sonreír y comenzó a responder todas las preguntas de su amiga sobre el Qigong. Más tarde su amiga también se volvió estudiante.

Esta es una historia muy sencilla y hermosa. Escucho muchas historias similares de mis alumnos todo el tiempo. Ya ves lo fácil que es usar Qigong para ayudar a otros. También muestra cuán rápido pueden cambiar las cosas, que -cuando estás relajado y tu energía se equilibra y fluye sin problemas- es cuando puedes alcanzar el máximo rendimiento.

Practicar Qigong no solo te convertirá en un mejor

jugador de tenis o baloncesto, sino que también puede ayudarte a ser lo mejor que puedas ser. Ya sea que se trate de deportes o negocios, tus estudios, tu salud, tu actitud o tu vida diaria; dondequiera que busques un rendimiento óptimo en tu vida, Spring Forest Qigong te puede ayudar.

Rendimiento escolar

En China la mayor parte de la investigación sobre el uso del Qigong se ha hecho en la educación. Los estudios han demostrado que el Qigong ayuda a aumentar significativamente la agudeza mental, la memoria y la capacidad de aprendizaje. En un estudio entre estudiantes de cuarto grado, los puntajes en las pruebas aumentaron un promedio del 10 por ciento en solo seis meses.

A los estudiantes se les enseñó la respiración de Qigong y una sencilla meditación de Qigong que hicieron durante dos minutos al inicio de cada clase. Las asignaturas eran lengua china, matemáticas y geografía. En el grupo sin Qigong, los puntajes de las pruebas se mantuvieron aproximadamente iguales en un grado de precisión del 82 por ciento. En el grupo de Qigong, los resultados de las pruebas pasaron de un promedio de 83 por ciento a 93 por ciento.

Debido a que la educación es tan importante, actualmente estoy trabajando con uno de mis estudiantes más avanzados, que es un maestro experimentado, para desarrollar un programa específico para niños.

Desempeño laboral

Permíteme compartirte otra historia sobre cómo practicar Qigong ha ayudado a uno de mis alumnos en su trabajo. Su nombre es Marliss. Marliss vino por primera vez a mis clases porque tenía varios problemas de salud. De inmediato notó una mejora en su salud.

Marliss dice que siempre tuvo mucho dolor antes de Qigong y que nunca había sido una persona tranquila o relajada. Siempre se sintió "tensa", como ella lo dice. Eso también comenzó a cambiar.

Marliss continuó practicando Spring Forest Qigong y tomó mi clase de Nivel UnoI. Aprendió a usar la energía para ayudar a los demás. Dice que las personas en el trabajo comenzaron a notar los cambios positivos en ella y comenzaron a preguntarle qué estaba haciendo. Cuando les contó sobre Spring Forest Qigong, sus compañeros de trabajo comenzaron a acudir a ella en busca de ayuda para aliviar dolores y molestias y otras cosas. Marliss dice que se sorprendió mucho cuando usó las técnicas que aprendió en el Nivel UnoI y realmente funcionaron. La gente se sintió mejor.

Después, Marliss recibió un acenso en su trabajo. Así es como Marliss cuenta esa parte de su historia y cómo la ayudó a lograr el máximo rendimiento en su trabajo.

La historia de Marliss

"Yo era la única mujer, y coordinaba básicamente a todos los hombres en un área de manufactura. Siendo la única mujer que trabajaba con otros cuarenta y ocho supervisores varones, el trabajo era muy estresante y desafiante".

"La dirección me pidió que capacitara a todos los empleados en el área de manufactura para trabajar con un nuevo sistema de informes laborales. Esto daría entrada a unos setecientos empleados. Eso significaba que de repente todos los trabajadores de la fábrica tendrían que aprender a usar la computadora para reportar su trabajo, lo cual era un gran desafío para mí".

"De hecho, cuando me dieron la tarea me quedé petrificada. Sabía que -a menos que estuviera tranquila, centrada y concentrada- no podría ser capaz de manejar toda la presión y rendir al alto nivel necesario para tener éxito. Lo que hice fue poner en práctica lo que aprendí del Qigong y vaya que funcionó".

"Sé que sin Spring Forest Qigong no habría podido aceptar ese desafío, pero con la práctica de Qigong, especialmente las meditaciones, simplemente flui y reuní todos los materiales de capacitación para setecientos trabajadores en las tres plantas".

"Cuando empecé a entrenar, los empleados me preguntaban: '¿Por qué tenemos que hacer esto? ¿Cómo podemos hacer esto? ¿Por qué tenemos que cambiar la forma en que lo hacemos ahora? Nunca antes usamos una computadora.' Hubo mucha resistencia al cambio (sic) por parte de los empleados".

"Pude evitar que todo aquello me perturbara o rompiera mi enfoque. Sabes, por dentro todo estaba en paz, y hubieron muchos comentarios sobre lo tranquila que me veía y lo relajada que estaba. Esto me ayudó también con los empleados. Los comentarios de la alta dirección fueron: 'Solo se coloca allí, y hace como si nada, los entrena con naturalidad. Los empleados sienten miedo cuando llegan a sus clases, pero usted logra que se relajen y superen su miedo. Se pone justo detrás de ellos y les muestra cómo usar el mouse, y se sienten cómodos. Cuando se van, se sienten cómodos y saben cómo usar la computadora".

"Eso fue cierto incluso cuando el presidente de la compañía asistió a una de mis clases. Eran las siete de la mañana y el presidente vino a conocer el sistema. El superintendente me preguntó si iba a estar nerviosa. Le dije: 'No', porque había meditado por la mañana. Siempre me aseguraba de hacer mi meditación de Qigong antes de ir a dar clases. Programaba mis propias clases y dejaba tiempo para Qigong porque sabía que necesitaba del Qigong para sobrellevar el día. Me ayudó a aliviar el estrés. Estoy segura de que si no practicara Spring Forest Qigong, habría caído en una crisis nerviosa, hiperventilación, etc., porque eso era una gran responsabilidad. Al pensar en ello ahora, sé que probablemente nunca lo habría superado a menos que hubiese practicado Qigong".

"Fue un gran logro para mí poder juntar todo el material y realizar la capacitación para las tres plantas (más de setecientos empleados). Me siento segura de que todos los empleados de manufactura pudieron sentarse frente a una computadora que nunca habían tocado en su vida y reportar su trabajo sin ningún problema. Todo funcionó adecuadamente, y le atribuyo mucho de eso al Qigong".

"No estoy segura de cómo describir la calma y la confianza en el interior, pero sé que se proyecta en el exterior. Nunca había sentido algo así antes de Spring Forest Qigong. Estoy muy agradecida con el Maestro Lin y con el Qigong.

"Lo recomiendo a todos los que se enfrentan a grandes desafíos en el trabajo, especialmente si van a embarcarse en algo nuevo. Realmente te da esa claridad de enfoque y el pensamiento que necesitas para rendir al máximo".

— Marliss Sorlien

He escuchado muchas, muchas historias como la de Marliss de parte de mis alumnos. Vienen a Spring Forest Qigong por una razón y luego descubren que también les ayuda en muchas otras partes de su vida.

El Qigong es simplemente la mejor manera que conozco para equilibrar la energía en tu cuerpo y dejarlo que fluya con libertad y sin problemas. Cuando tu mente y tu cuerpo están tranquilos y relajados simplemente funcionan mejor. Con eso puedes tener el máximo rendimiento, ser lo mejor que puedas ser en lo que elijas y disfrutar de tu vida al máximo. Pruébalo y lo verás.

El Qi (la energía) y tu sexto sentido

Así como naciste con la habilidad para ayudarte a curarte a ti mismo y a los demás, también naciste con un sexto sentido: la intuición. Si bien es una habilidad innata, con el tiempo la mayoría de nosotros "aprendemos" a no confiar en nuestro sexto sentido, en nuestra intuición. Pero, aunque podemos aprender a ignorarla, nunca desaparece.

Es esa sensación que a veces tienes en la boca del estómago o en la nuca o en la superficie de la piel. Ese sentimiento que te pone más alerta. O esa vocecita que te habla en voz baja tratando de llamar tu atención. Esa voz que se ahoga en todo el "ruido" y la actividad de la vida diaria, especialmente a medida que envejecemos.

Es posible que hayas tenido la experiencia que muchas personas tienen. El teléfono suena y sabes quién es antes de contestar. Levantas el teléfono y efectivamente es esa persona. O bien, alguien te viene a la mente, alguien que quizás no hayas visto en mucho tiempo, y de repente aparece esa persona. O estás conduciendo y de pronto recibes un mensaje para cambiar de carril o tomar una ruta diferente y al hacerlo evitas un accidente.

Esto le sucedió recientemente a uno de mis alumnos. Ella nos contó esta historia en la clase de Nivel Uno. Le ocurrió durante la tercera semana de clase. Una mañana estaba conduciendo por la carretera en la nieve, cuando -de repente- escuchó una voz de la nada que le decía que girara el volante a la derecha y entrara en el borde de la carretera: ¡Ahora mismo!

Sin pensar ni saber por qué, giró el volante y entró en el acotamiento. Estaba entre el acotamiento y la carretera cuando -de la nada- un automóvil llegó zumbando por detrás zigzagueando sobre la nieve y entre los coches. Apenas y esquivó su auto por centímetros. Si no hubiera virado hacia la derecha el auto se habría estrellado contra ella a una velocidad muy alta.

Para su sorpresa, ella reaccionó con mucha calma. En lugar de enojarse con el conductor loco que casi la mataba, hizo una oración por el joven, y luego regresó tranquilamente a la carretera y siguió su camino. Su sexto sentido la había salvado de un accidente muy grave y quizás fatal.

Todos nacimos con intuición -con un sexto sentido-, por una buena razón. Ignorarlo sería como ignorar nuestro sentido del tacto, el gusto, el oído o la vista. Nuestra intuición puede ser invaluable para ayudarnos a tomar buenas decisiones, para hacernos conscientes de cosas que ni siquiera reconoceríamos con nuestra mente consciente u otros sentidos.

Uno de los beneficios de practicar Qigong es que desarrollarás más tu sexto sentido. Te ayudará a tomar mejores decisiones en tu trabajo o en la escuela. Te ayudará a cometer menos "errores" en tu vida, porque, cuando aprendas a escuchar tu voz interior de manera clara y calmada, sabrás lo que debes hacer y lo que no debes hacer.

Practicar Qigong aumentará tu intuición y tu sensibilidad intuitiva. Cuanto más practiques -y entre más buenas acciones hagas por los demás- se desarrollará tu sexto sentido. También desarrollarás un aura de protección muy fuerte a tu alrededor, dondequiera que vayas -y hagas lo que hagas- por buenas razones estarás protegido. Simplemente la "energía negativa" no podrá acercarse a ti.

Tu sexto sentido puede ser muy útil en muchas situaciones. Mis alumnos me han contado muchas historias sobre cómo su intuición ha aumentado gracias a su práctica de Spring Forest Qigong, de muchas maneras, pequeñas y grandes.

Permíteme contarte una historia de mi propia vida que llegó cuando era adolescente, cuando mi comprensión y práctica de Qigong aún eran muy rudimentarias.

Después de que terminé mi escuela secundaria -y mi tiempo de trabajar en el campo-, tenía muchas ganas de continuar mi educación e ir a la universidad. Las universidades recién habían reabierto en China y estaba muy emocionado por esto. Sin embargo, mis posibilidades de ser aceptado en una universidad eran prácticamente nulas.

Todavía llevaba la etiqueta de haber sido un "niño demonio" de una "mala familia". Además, no tenía contactos. No tenía ninguna influencia. No había nadie a quien pudiera recurrir en el gobierno. Nadie en una posición de influencia o autoridad que estuviera dispuesto a correr el riesgo de ayudar a alguien como yo.

Durante varios meses, algunos amigos cercanos y yo habíamos planeado hacer un viaje en bicicleta muy especial. Era lo que llamarías "vacaciones". Algo que nunca había hecho antes en mi vida.

Aproximadamente una semana antes de que partiéramos, comencé a recibir un mensaje de mi intuición, mi sexto sentido. Era sutil al principio y se fue haciendo cada vez más fuerte. El mensaje fue muy claro desde el principio: no debía ir al viaje en bicicleta. Estaba muy entusiasmado con el viaje, así que seguí sacando el mensaje de mi mente.

Pero el mensaje no desapareció, y solo un par de días antes de que nos fuéramos, el mensaje se volvió muy fuerte y claro: "No te vayas de viaje. No te vayas de la ciudad Algo muy importante va a suceder". Ese fue el mensaje y era inconfundible.

No esperaba que algo ocurriera. No podía imaginar lo

que podría ser. Pero finalmente decidí que había recibido el mensaje, cualquiera que fuera, por una razón muy importante. Entonces les dije a mis amigos que tendrían que irse sin mí. No pudieron entender mi decisión. Estaban muy decepcionados y yo también.

El día que se fueron comencé a emocionarme con el mensaje anticipando lo que sucedería. Pero no pasó nada. Nada ocurrió al día siguiente, ni al siguiente, ni al siguiente, ni al siguiente. Al final de la semana, todavía no había pasado nada. Al día siguiente mis amigos volverían. Parecía que me había perdido las vacaciones por nada.

Luego, a las 9 de esa noche, un hombre vino a verme. Había visto al hombre antes pero no lo conocía bien. Él quería saber si todavía estaba interesado en ir a la universidad. Me dijo que de ser así, había una oportunidad para mí. Me dijo que había un examen de ingreso a la universidad en una ciudad cercana a la mañana siguiente. Quedaba una entrada para tomar el examen. Si viajaba esa noche podría llegar a tiempo.

Salí de inmediato y pude presentar el examen. Obtuve un puntaje muy alto, pero ese año no fui aceptado en la universidad. Sin embargo, la oportunidad de tomar el examen ese día me abrió las puertas y dos años más tarde pude ir a la universidad.

Si me hubiera ido en el viaje en bicicleta habría perdido esa oportunidad. Si hubiera ignorado mi intuición, el mensaje de mi sexto sentido, probablemente no habría sabido nada de la prueba o de que tenía la oportunidad de tomarla. La intuición puede ser muy útil.

A medida que aprendí más sobre el Qigong y adquirí más experiencia, aprendí a confiar totalmente en mi intuición y a ser discretamente consciente de ella en todo momento. Me ha ayudado de muchas, muchas maneras, todos los días. Puede hacer lo mismo por ti.

Tu intuición siempre está ahí, si sabes cómo escucharla. Practicar Qigong agudiza tu sexto sentido ayudándote a ser lo suficientemente silencioso como para escuchar los mensajes. Solo una más de las muchas maneras en que el Qigong te ayuda.

El Qi (la energía) del amor, la bondad y el perdón

La técnica para hacer Qigong es importante, pero lo que es más importante es cómo te sientes respecto a ti mismo y al mundo que te rodea. De hecho, los tres elementos más importantes para experimentar tu curación perfecta y completa a través del Qigong son vivir una vida basada en el amor, la bondad y el perdón.

Amor

El amor es la emoción más poderosa y bella de todas. El amor es una de las fuerzas más poderosas del universo. Nuestros pensamientos y expresiones de amor vibran a una frecuencia que es la más poderosa para curarnos, para sanarnos a nosotros mismos y para ayudar a otros a sanar. La vibración del amor es tranquilizante, reconfortante, fortalecedora y empoderante. El amor es curativo. Es así de simple.

Este tipo de amor curativo no tiene nada que ver con la pasión. No tiene nada que ver con el deseo. No se trata de tomar o recibir. Se trata de dar. Este tipo de amor curativo es el amor verdadero. El verdadero amor es absolutamente desinteresado. El verdadero amor es suave. Es amor puro, incondicional, universal. El verdadero amor busca solo lo que es mejor, sin emitir juicios sobre lo que debería ser lo mejor o no. Para ser un verdadero sanador, necesitas tener amor verdadero en tu corazón y en tu alma.

Una vez que sientas este amor verdadero en tu corazón y alma, cada célula de tu cuerpo comenzará a vibrar e irradiar esa energía curativa. Esta energía amorosa es el único tipo de energía que puedes enviar para ayudar a los demás porque es la única que vibra en la frecuencia correcta. Cuanto mayor sea este amor dentro de ti, mayor será el poder curativo de la vibración.

El verdadero amor puede brindarte experiencias maravillosas y una comprensión que nunca hubieras imaginado sin él. Los sanadores más poderosos son los que tienen el amor más puro e incondicional en sus corazones y almas. El nivel de poder curativo depende del nivel de amor y confianza.

Todos somos seres humanos, lo que significa que no somos perfectos. Para un ser humano, el verdadero amor puede parecer una meta inalcanzable. Podría ser útil pensar en el amor verdadero como el sol que brilla en la cima de una montaña alta y hermosa.

Es posible que nunca lleguemos a la cima de la montaña, pero mientras nos enfoquemos en ella y avancemos hacia ella, nos estaremos acercando cada vez más. Y cuanto más nos acerquemos, más claramente podemos verla y apreciarla de manera más plena.

Disponte como un modelo de amor por los demás. Este tipo de amor benevolente y verdadero puede curar la herida en un corazón humano como una medicina jamás podría. Es la mejor medicina para los miedos, los celos, la tristeza, la ira, la ansiedad y tantas emociones negativas y dañinas.

Con amor creas un ambiente pacífico para hacer Qigong para curarte y ayudar a los demás. Lo que envíes volverá a ti. Así que cuando amas a los demás los demás también te amarán. Solo imagina cuán maravillosamente poderosa será la energía de tanto amor.

La tasa de éxito de mi curación para problemas del corazón es muy alta. Creo que la razón es que realmente amo a la gente. Cada vez que hago curaciones para otros, lo aprovecho como una gran oportunidad para compartir la energía universal con ellos. Me siento muy honrado de que me pidan que les ayude. Los considero mis hermanos, hermanas, padres, abuelos o hijos. Considero su sufrimiento como mi propio sufrimiento.

El corazón es la casa del alma, y el alma puede sentir la energía de otras personas. Si realmente amas a los demás, su alma captará esto y abrirá la puerta para que tu energía los ayude a sanar.

El gran hombre indio de la paz, Mahatma Gandhi, describió el amor de esta manera: "El amor es la fuerza más poderosa que el mundo posee y, a la vez, es la más humilde que se pueda imaginar". Gracias al poder del amor, Gandhi ayudó a cambiar el mundo. El amor es verdaderamente humilde, y sin embargo es más poderoso de lo que podemos imaginar.

Bondad

Déjame compartir una historia.

Hace muchos años, había un niño que siempre se metía en problemas en la escuela por hacerle bromas a los demás estudiantes. Era un niño muy inteligente y con frecuencia usaba su inteligencia para menospreciar a los demás niños y burlarse de ellos. Un día, humilló tanto a una chica que estaba haciendo una presentación en clase que la hizo llorar.

Esa noche, cuando el padre del niño llegó a casa del trabajo y supo lo que había sucedido, llamó a su hijo a su estudio. Antes de que su padre pudiera decir algo, el hijo dijo: "No le hice daño a nadie. Yo sólo dije la verdad. No es mi culpa que ella sea estúpida. No hice nada malo".

Su padre había hablado muchas veces con él sobre su comportamiento y tenía un plan que esperaba que finalmente lograra expresar su punto de vista. El padre, que era un hombre grande, se levantó de su silla y tomó una tabla que tenía detrás de su escritorio.

El tablero era oscuro, de madera pesada y muy pulida. Se lo entregó a su hijo y le dijo: "Mira el tablero y dime lo que ves".

El hijo respondió: "Una tabla". "¿Qué más?", preguntó el padre. El hijo volvió a mirar y dijo: "Puedo ver mi reflejo".

"Bien", respondió el padre. "Quiero que tomes este tablero, y cada vez que hagas o digas algo que sea dañino o perjudicial para otra persona, quiero que claves un clavo en el tablero. Y, cada vez que te detengas y pienses y evites hacer esas cosas, saca un clavo. Puedes poner el primer clavo por lo que hiciste hoy. Cuando todos los clavos se hayan ido, hablaremos de nuevo. Hasta entonces, te estoy quitando todos tus privilegios. Estas castigado".

El niño no estaba feliz, pero sabía que su padre estaba hablando en serio. Entonces, fue a su habitación y clavó el primer clavo en el tablero. A medida que pasaban los días, más clavos entraban en el tablero, algunos salían y otros entraban, pero finalmente todos los clavos desaparecieron.

El hijo estaba muy feliz la noche que fue a mostrarle el tablero a su padre. El padre miró detenidamente el lustroso trozo de madera y pasó la mano por las marcas donde habían estado los clavos. Luego, le devolvió el tablero a su hijo y le dijo: "Eso está muy bien hijo, muy bien. Ahora, mira lo que dejaste atrás".

El hijo miró todos los agujeros en el pedazo de madera que una vez había reflejado su propia cara con claridad. Ahora entendía lo que su padre le quería enseñar. Volteó lentamente hacia su padre y le dijo: "¿Qué hago con todos los agujeros que he hecho?"

El padre respondió: "Sé bondadoso".

Cada vez que hacemos cosas que son dañinas o dolorosas para otros, causan daño, no solo a ellas, sino a nosotros mismos. La bondad es cómo reparamos el daño, cómo rellenamos los agujeros.

El amor no tiene una forma física. Cuando eres bondadoso con los demás, creas un escenario para que el amor se presente. Cuando eres considerado, atento y comprensivo con los demás, siempre que eres bondadoso con otra persona, ellos podrán ver tu amor. Ellos podrán sentirlo. La bondad es el amor revelado.

Una verdadera persona de Qigong muestra bondad a todos los seres vivos. La bondad se convierte en una segunda naturaleza y ocurre de forma natural. Cuando eres bondadoso, acumulas una reserva de energía curativa.

La bondad envía mensajes buenos y saludables, creando un ambiente bueno y saludable para tu cuerpo y alma. Al vivir en este ambiente saludable, si es que te enfermas, puedes curarte con mayor facilidad. Cuando haces Qigong y meditación puedes ir más rápido al vacío y hacer una conexión más profunda con la energía de sanación universal; y puedes soltar más fácilmente tu preocupación, tus cargas, tus miedos y tu estrés. Permítete estar en un estado de bondad todo el tiempo y siente que tus canales espirituales están abiertos. Entonces siempre te sentirás feliz en tu corazón.

Perdón

Cuando llegué por primera vez a Estados Unidos me impresionó la riqueza de este país. Los parques me parecían hermosos. Las calles estaban muy limpias. Todos disfrutaban de la libertad de la vida. Los coches estaban por todas partes. Las escuelas estaban muy bien equipadas con técnicas modernas. La mayoría de la gente no tenía miedo de la falta de comida. Con dinero podías comprar lo que quisieras. En China no teníamos todas esas cosas. Estaba muy feliz de tener la oportunidad de venir a este país para experimentar la civilización moderna del mundo.

Pero después de unos meses, aunque no sabía qué era, sentí que faltaba algo en este país. Parecía que tanta gente que tenía tanto vivía con mucho miedo: miedo a perder su trabajo, miedo a perder su propiedad, miedo a ser engañado, miedo a ser demandado, miedo a encontrarse con extraños, mucho miedo.

También me di cuenta de que no muchas personas confiaban en otras. En los negocios la gente no confiaba en las demás. Todo debía estar documentado. Incluso en las familias las personas no confiaban entre sí. Por eso existen tantos divorcios, tantos niños viven con un solo padre. Y, aunque se hablaba mucho, todos hablan pero no escuchan. En su mayoría nadie escucha a los demás.

Después de unos años supe lo que faltaba en este país. La parte que faltaba era el perdón.

Perdonar es hermoso. Perdonar es como un arte hermoso. Las bellas artes abren nuestros corazones en maneras que no podemos explicar con palabras. Su belleza nos toca de maneras que nunca podríamos experimentar si lo intentáramos de manera consciente. El perdón hace lo mismo.

El perdón nos abre y nos transforma de maneras que nunca podríamos imaginar. Solo podemos conocer su verdad al hacerlo. Necesitamos tener esta belleza y este arte en nuestras vidas y en la vida de todos. Muchas cosas pueden resolverse a través del perdón. A veces solo por estrechar la mano. ¿Qué importa quién pone su mano primero?

Cuando ocurran conflictos, encuentra una manera pacífica de lidiar con ellos. Quita el miedo y el sentimiento de estar lastimado. Como sanadores, si no tenemos la energía de perdón, nunca podremos ayudarnos a nosotros mismos ni a otros a sanar el alma.

Cuando alguien hace algo no muy amable contigo, perdona a esa persona. Cuando perdonas a los demás les das tu amor. Y te das la oportunidad de crecer. También le das a tu amigo la oportunidad de crecer.

El amor se crea a través del perdón. Cuanto más perdón le des a los demás, más perdón regresará a ti. Entonces más amor crecerá dentro de ti, dentro de la otra persona y dentro de nuestro mundo. Este es el ambiente en el que estábamos destinados a vivir.

Y recuerda perdonarte a ti mismo. Esto también es

importante. Somos seres humanos y cometemos errores. Cuando hagas algo que desearías no haber hecho, perdónate. Entonces hazte una promesa de tratar de mejorar.

Alguien me preguntó una vez: si alguien mató a otra persona, ¿deberíamos perdonarlos? Si alguien comenzó una guerra, ¿deberíamos perdonarlos? Mi respuesta es sí. Por supuesto que sí deberíamos hacerlo.

Perdonar no significa renunciar. No significa que nos rindamos. No significa que les permitamos matar a más personas. Deben detenerse, por supuesto. Pero, ¿cómo los detenemos, con ira y odio en nuestros corazones? A esto digo que no.

Si alguien infringe la ley, pagará un precio por eso, ya sea que la ley los alcance o no. Es posible que hayas escuchado la expresión "Lo que va, viene". Esto es verdad.

Cuando haces cosas buenas por los demás, las cosas buenas regresarán a ti. Cuando eres amoroso, bondadoso y perdonas, recibirás amor, bondad y perdón incluso en mayor medida. Quizás no de las mismas personas, pero siempre volverá a ti. Siempre.

Si haces cosas malas a los demás, te sucederán cosas malas. Tarde o temprano sucederá. Este es el principio del universo.

Escucho a personas que hablan de odiar a personas de otros partidos políticos o de líderes gubernamentales con quienes no están de acuerdo. Escucho a personas hablar sobre odiar a líderes en otros países que están haciendo cosas terribles y malvadas. Observa las cosas malas que hacen, trabaja duro para detenerlos si te inspira hacerlo, pero no los odies. Odiarlos te hace daño. Bloquea la energía del amor en tu corazón. Mantenlos en tu corazón. Esto los ayudará a cambiar mucho más que tu odio y te hará una persona más amorosa.

A veces las personas intentan perdonar a través de sus emociones y descubren que no pueden hacerlo. Si esto sucede, si no puedes superar tu enojo o tu dolor, entonces comienza por pensar en todas las personas a las que sí amas, en todas las cosas que amas de esta vida, y deja que tu corazón sienta toda la bondad del mundo.

Luego, imagina a aquellos a quienes no puedes perdonar en medio de toda esa bondad y la perfecta energía amorosa del universo. Usa el amor del universo para ayudarte. Esta es una manera muy buena de trabajar en el perdón.

Si necesitas un ejemplo a seguir, no puedo pensar en uno mejor que Mahatma Gandhi. Dedicó su vida a la lucha por la libertad de los oprimidos, primero en Sudáfrica y luego durante la mayor parte de su vida en su India natal. Gandhi era un hombre profundamente religioso, pero cuando se le preguntó acerca de su religión, respondió: "Soy cristiano. Soy musulmán. Soy un hindú. Soy judío. Todos los hombres son mis hermanos".

Durante su lucha de toda la vida por los derechos de

los demás, con frecuencia fue amenazado, golpeado de manera salvaje y a menudo encarcelado por aquellos en el poder que se oponían a sus esfuerzos. Sin embargo, nunca respondió con ira u odio y nunca pidió retribución. Era un hombre de acción, pero siempre un hombre de perdón y no-violencia.

Logró estas cosas a través de lo que llamó su "fuerza del alma". Como lo dijo Gandhi: "No es que sea incapaz de enojarme, por ejemplo, pero tengo éxito en casi todas las ocasiones para mantener mis emociones bajo control".

"Cualquiera que sea el resultado, siempre hay en mí una lucha consciente por seguir la ley de la no-violencia, de forma deliberada e incesante. Tal lucha lo deja a uno más fuerte por ello. Cuanto más trabajo en esta ley, más siento el deleite en mi vida, el deleite en el esquema del universo. Me da paz y un sentido de los misterios de la naturaleza que no puedo describir".

A través del poder del amor y el perdón, la "fuerza del alma", como la llamó Gandhi, condujo a un país entero a la libertad. A través de ese mismo poder ilimitado de amor y perdón, tú también puedes experimentar la misma paz y descubrir el significado de los misterios de la vida que están más allá de toda descripción.

A través del poder del perdón, también abrirás una oportunidad para ti en el futuro. Permíteme compartir una historia sobre el perdón que proviene de la antigua China.

Hace mucho, mucho tiempo, había un rey que celebró una gran fiesta en el palacio para sus comandantes del ejército. La fiesta fue una gran celebración con mucha comida y vino. Había mucha bebida y algunos de los invitados del rey bebieron demasiado.

El rey tenía una esposa hermosa y ella estaba allí. A mitad de la cena, entró una gran ráfaga de viento y apagó todas las luces. Antes de que pudieran encenderse, la reina gritó que alguien le había jalado la falda.

Un sirviente se adelantó y encendió una vela para la reina. Ella se acercó a su esposo con enojo en la mirada y le dijo que alguien había tocado su falda en la oscuridad. Ella no lo atrapó, pero había agarrado la borla de su casco. Todos los comandantes del rey portaban tales borlas en sus cascos. Tocar a la reina era un delito grave, y la reina exigió que la persona culpable fuera ejecutada de inmediato.

El rey tomó la borla, apagó la vela y ordenó que ninguna de las velas se encendiera. El rey arrojó la borla al centro de la habitación y ordenó a todos sus comandantes que arrancaran las borlas de sus cascos y que también tiraran sus borlas y cascos al centro de la habitación.

Solo cuando se hizo esto, el rey ordenó que encendieran las velas. Cuando la luz volvió a llenar la sala, reveló un gran montón de cascos y borlas, lo cual hacía imposible saber quién pudo haber sido el culpable. Los comandantes debían haber pensado que esto era algún tipo de juego o broma. Y, ya que nadie más había escuchado la queja de la reina a su esposo, no tenían idea de por qué el rey había dado tal orden.

Muchos meses después, la tierra del rey fue atacada por un ejército invasor. El ejército del rey no estaba preparado para la invasión repentina. Durante la batalla para salvar su tierra, el rey fue derribado de su caballo. Su ejército estaba completamente desconcertado y el rey tuvo que correr para salvar su vida mientras lo perseguían los atacantes.

De repente, uno de los generales del rey apareció a su lado. Luchó valientemente para salvar a su rey. El general detuvo ataque tras ataque por sí solo. La valentía del general inspiró a los otros comandantes en el ejército del rey, que regresaron a la batalla y derrotaron a la fuerza invasora.

Después de la batalla el rey llamó al general a su tienda. El rey le dijo al general que por la valentía que mostró al salvar a su rey, se le otorgaría cualquier recompensa que deseara. Se le concedería lo que él quisiera, todo lo que tenía que hacer era pedir.

El general se arrodilló ante el rey, se quitó el casco, arrancó una borla de la parte superior y se la ofreció al rey. Luego, el general dijo: "Ya me has dado el mejor regalo, mi vida".

El rey miró la borla y recordó la noche en que un oficial borracho se había atrevido a tocar la prenda de su reina. El rey se dio cuenta de que el oficial borracho era el hombre que estaba arrodillado ante él. A través de su perdón esa noche en la fiesta, el rey también había salvado su propia vida. Nunca sabes lo que traerá el perdón.

Es posible que también hayas escuchado la expresión "Perdonar es bueno para el alma". En esto estoy plenamente de acuerdo, y no solo para el alma, sino también para la mente y el cuerpo. Entonces, perdona y dale a otros la oportunidad de purificar su energía y su alma. Y harás lo mismo para ti.

Algunas personas incluso han dicho: "Quiero ser más amoroso, bondadoso y comprensivo. Lo intento, pero no puedo. A veces la gente hace cosas que me enojan, y no hay nada que pueda hacer al respecto". A esto siempre sonrío y digo: "Practica más Qigong".

La energía del amor, la bondad y el perdón ayuda a eliminar los bloqueos de energía en tu cuerpo, a equilibrar tu energía y a mantener tu energía fluyendo de manera libre y fácil. Practicar Qigong ayuda a eliminar los bloqueos de energía en tu cuerpo, a equilibrar tu energía y a que fluya con libertad y sin problemas. Funciona en ambos sentidos.

Al practicar Qigong, verás que simplemente te volverás más amoroso, amable y perdonador, ya sea que lo pienses o no. Lo quieras o no. Te sucederá y se convertirá en tu segunda naturaleza. Es simplemente la forma en que funciona el universo. Muchos de mis estudiantes han experimentado esto en sus propias vidas. La historia de Ho Jun Kim en la página 188 es un buen ejemplo.

Spring Forest Qigong

Hace unos años di un discurso sobre Qigong, entonces un hombre se me acercó y me dijo que había estado practicando Qigong durante muchos años. Dijo que incluso había ido a estudiar a China y sabía que el Qigong era muy difícil de aprender. No podía entender por qué yo decía que Spring Forest Qigong era fácil de aprender. "El Qigong es difícil de aprender", dijo.

Le sugerí que probara con Spring Forest Qigong y viera por sí mismo lo sencillo que puede ser el Qigong.

Entendí muy bien a lo que se refería. Durante muchos, muchos años, pensé que el Qigong era muy difícil de aprender. De hecho, la manera en que mis maestros me enseñaron fue muy estricta y difícil de aprender. Algunos dijeron que me tomaría cincuenta años dominarlo. Otros decían que veinte años. Otros decían que por lo menos diez años. Para ellos fue así. Eso fue lo que les enseñaron.

Para mí, casi desde el comienzo de mi estudio de Qigong, recibí un mensaje de mi sexto sentido de que el

Qigong no debería ser tan difícil. Cuanto más estudiaba, practicaba y avanzaba en el Qigong; más fuerte se volvía este mensaje. Eventualmente me quedó muy claro que la esencia del Qigong es muy sencilla. Es hermosa, poderosa y sin embargo muy sencilla.

Esto es lo que me llevó a crear Spring Forest Qigong. Quería enseñar Qigong para que todos y cada uno pudieran aprenderlo y experimentar los maravillosos beneficios por sí mismos.

Hay miles de diferentes técnicas de Qigong en el mundo. Son técnicas maravillosas. Comparten el mismo propósito: ayudar a despertar el poder curativo dentro de cada ser humano. Pero difieren en la rapidez y facilidad con la que podemos lograr el objetivo y qué tan completamente podemos desbloquear los bloqueos del cuerpo. A veces la diferencia es enorme.

El poder de Spring Forest Qigong incluye:

1. SFQ te devuelve el poder curativo

He conocido a bastantes estudiantes en mis clases de diferentes estados y países que vinieron a tomar mis clases. Me dijeron que habían estudiado con muchos maestros y profesores de Qigong. Al aprender sus técnicas, los maestros rara vez explicaban por qué y cómo los movimientos pueden curar el cuerpo. Y rara vez enseñaban a sus alumnos cómo ayudar a sanar a otros.

Cuando les preguntaron a esos maestros si podían enseñarles a otros el ejercicio, les dijeron que estaba bien. Pero cuando preguntaron si podían ayudar a otros a sanar, los maestros respondieron que no. Les dijeron que tenían que practicar durante muchos años antes de poder ayudar a otros. Dijeron que solo ellos podían realizar curaciones y que los recomendaran a las personas. Pero en mis clases, siempre les digo a las personas que aprender a ayudar a los demás es más simple que aprender a hacer el ejercicio para equilibrar tu propia energía. ¡Puedes aprender a ayudar a otros en solo dos minutos!

Al principio, suena demasiado bueno para ser verdad. Pero una vez que experimentan esto por sí mismos en clase, mis alumnos acaban por estar de acuerdo. Todos tienen este poder curativo. Nacemos con este don. Lo hemos dejado de lado desde hace mucho tiempo. Ahora, Spring Forest Qigong lo pone de regreso en tus manos. Spring Forest Qigong te ayuda a descubrirlo, desarrollarlo y hacer un buen uso de él.

2. SFQ requiere menos tiempo y logra más

El Qigong tiene cuatro partes: la respiración; las posturas; la mente; el sonido. Todas deben trabajar juntas. Pero algunas técnicas de Qigong se centran en solo una o dos de estas. Tienes que tomar mucho más tiempo para lograr lo que quieres alcanzar. Spring Forest Qigong reúne todos estos componentes y los aprovecha, para que pases menos tiempo y logres más cosas.

En mis clases muchas personas se han acercado conmigo y me han compartido que habían practicado Qigong durante muchos años pero que habían progresado poco. Cuando comenzaron Spring Forest Qigong, pudieron sentir de inmediato la energía y la curación. Sé a lo que se refieren pues he caminado por el mismo sendero que ellos. No quiero que otros pasen muchas horas, meses o incluso años y que obtengan pocos beneficios.

3. SFQ revela la verdad: no hay correcto o incorrecto en los movimientos de Qigong, solo bueno, mejor y lo mejor

Muchos maestros y profesores de Qigong le dicen a sus estudiantes que tienen que seguir sus instrucciones de una manera exacta. Si no, podrían causar daño al cuerpo. Entonces, para aprender correctamente Qigong, tienes que ir con un maestro para aprenderlo directamente de él. Muchos estudiantes en mis clases me han preguntado sobre esto. Siempre sonrío y les digo que no es así.

No necesitas tener una técnica "perfecta" para beneficiarte del Qigong. Si practicas Qigong para ayudarte, no hay correcto o incorrecto, solo bueno, mejor y lo mejor. Simplemente haz lo mejor que puedas en el momento y te beneficiarás. Si deseas usar el Qigong para ayudar a otros, la pureza del amor en tu corazón y tu deseo de ayudar son más importantes que conocer la técnica "correcta". Solo haces lo mejor que puedas en el momento y ten por seguro que ayudarás a tu amigo.

Sin embargo, si deseas avanzar a los niveles más altos de Qigong para experimentar cosas que muchos llamarían "sobrenaturales", entonces es muy importante que trabajes con un maestro y sigas las instrucciones del maestro de manera explícita. No puedes cometer un solo error y te llevará años lograrlo. Pocas personas avanzan a esos niveles más altos. Pero, recuerda, para experimentar el poder curativo del Qigong para tí mismo y para ayudar a otros, no es necesario hacerlo.

En el Nivel Uno de Spring Forest Qigong, hablamos de los canales de energía en el cuerpo. Hay doce canales principales en el cuerpo que se reflejan en muchos puntos por todo el cuerpo. Por ejemplo, seis de estos canales tienen puntos en las manos y seis en los pies. Cuando abres las manos, ayudas a abrir estos seis canales. Cuando cierras los dedos, cierras estos seis canales. Lo mismo sucede cuando mueves los pies.

Cuando levantas las manos sobre tu cabeza, ayudas a abrir el pulmón, el corazón, el intestino grueso y muchos otros canales. Cuando mueves los talones hacia arriba y hacia abajo, ayudas a abrir numerosos canales, incluidos los canales de los riñones donde reside la fuerza vital. Entonces, no importa lo que hagas, siempre que abras las manos y muevas los pies, ¡ayudas a abrir estos doce canales en el cuerpo! La rapidez con la que logres que la energía fluya y que los canales se abran depende de cómo muevas tus manos, tus pies y tu cuerpo, la velocidad de los movimientos y la cantidad de tiempo que usas. Por eso es mejor hacer tus movimientos lenta y correctamente, y durante el mayor tiempo posible.

En el Nivel Uno, uno de los primeros movimientos que enseñamos es el Movimiento de Yin y Yang. Levantas la mano derecha con los dedos abiertos mirando hacia la parte superior del tórax, mientras que la mano izquierda mira hacia el estómago a la altura del ombligo. Luego mueves las manos de forma circular: la mano derecha se mueve hacia afuera y hacia abajo hasta la parte inferior del torso, mientras que la mano izquierda se mueve hacia arriba hasta la frente. Las palmas de las manos deben estar orientadas hacia el cuerpo y moverse a lo largo de la línea central del cuerpo. Continúas moviendo las manos hacia arriba y hacia abajo de esta manera.

Ahora, aquí podrías preguntar, ¿qué pasa si muevo mis manos y no están frente a la línea central del cuerpo, está bien? Sí. Está bien. Aún así te beneficiarás del ejercicio. Cuando tus palmas miran hacia la línea central hacia arriba y hacia abajo a lo largo del cuerpo, abres más canales en la misma cantidad de tiempo.

He aquí el por qué, en nuestro cuerpo, muchas áreas tienen puntos de energía de respuesta que se vinculan con diversos órganos y otras áreas del cuerpo. Las siguientes imágenes muestran estos puntos de energía en la cabeza, el torso, las manos, los brazos y las piernas. Al pasar energía a estos puntos, o masajear estos puntos, puedes ayudar a abrir los bloqueos de energía.

FACE

Puntos de energía

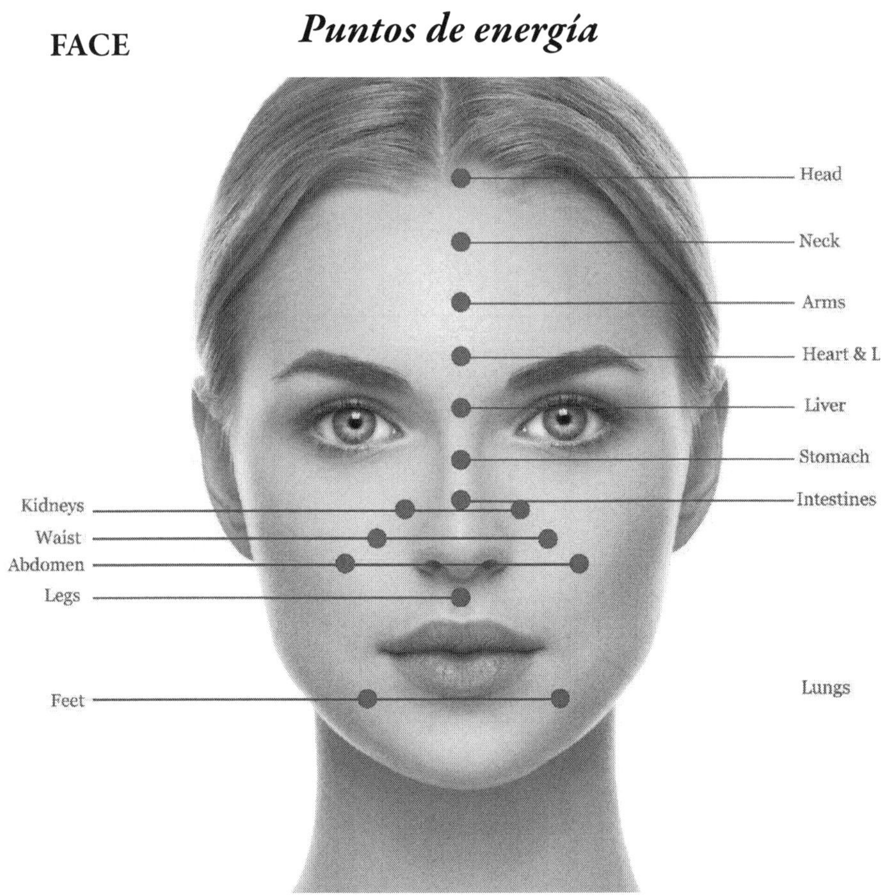

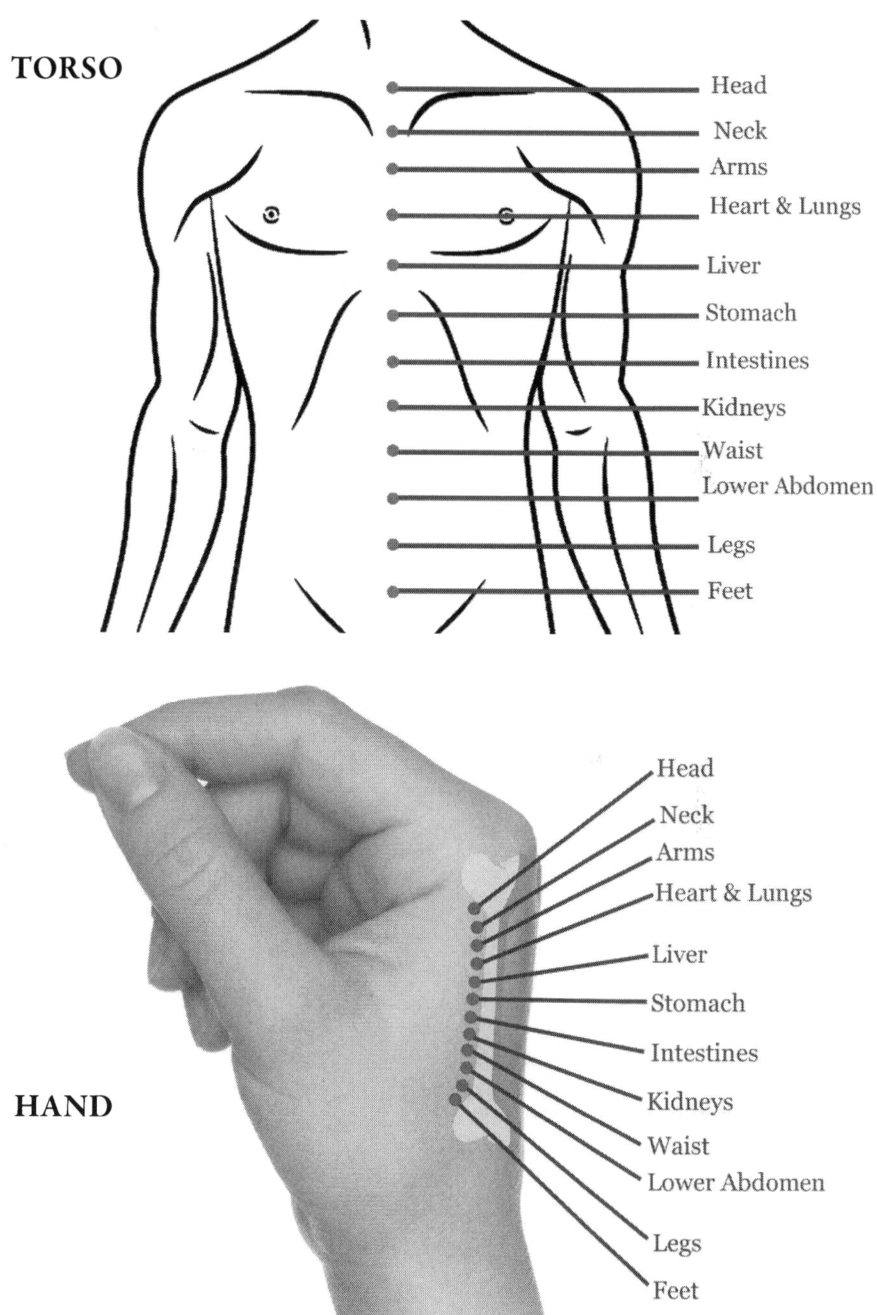
TORSO
Head
Neck
Arms
Heart & Lungs
Liver
Stomach
Intestines
Kidneys
Waist
Lower Abdomen
Legs
Feet
HAND
Head
Neck
Arms
Heart & Lungs
Liver
Stomach
Intestines
Kidneys
Waist
Lower Abdomen
Legs
Feet

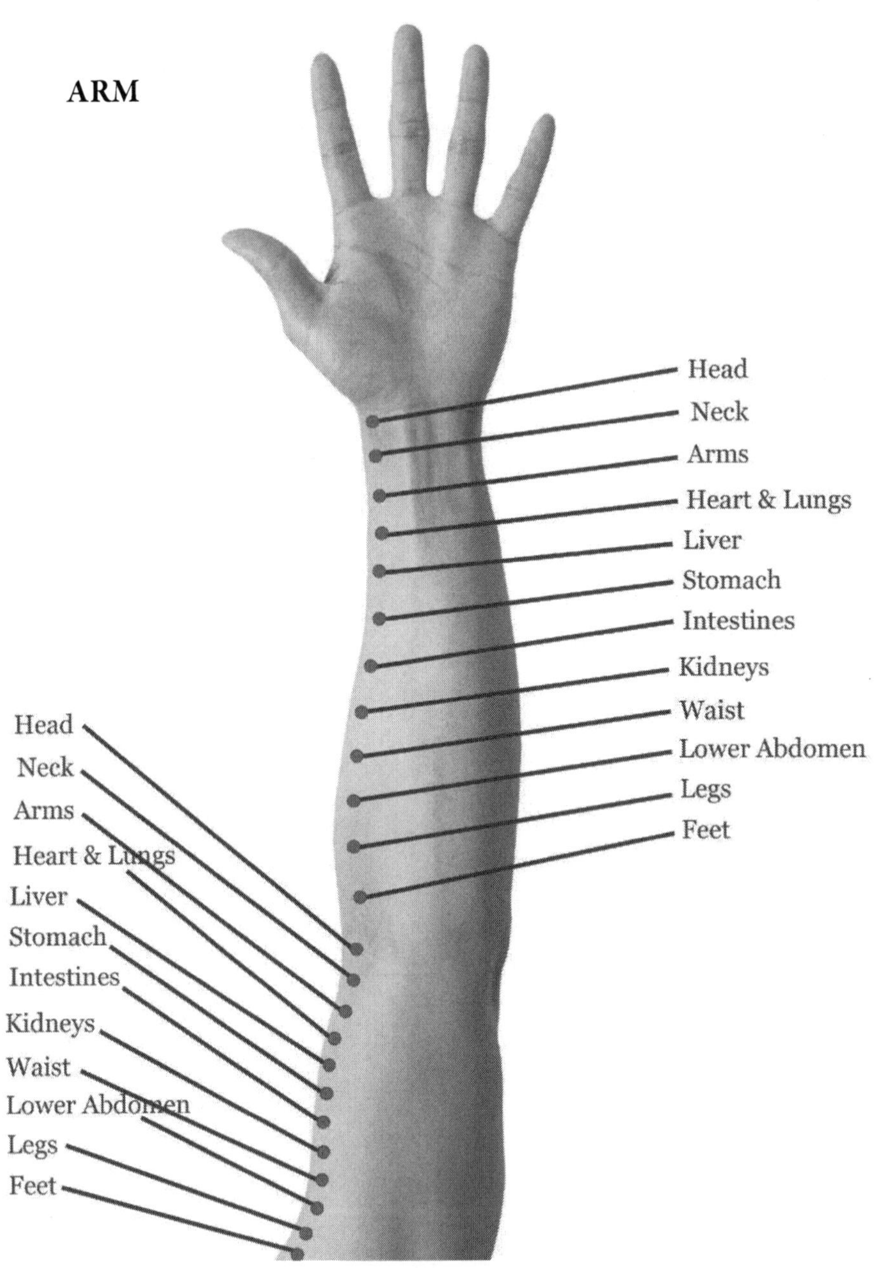
ARM
Head
Neck
Arms
Heart & Lungs
Liver
Stomach
Intestines
Kidneys
Waist
Lower Abdomen
Legs
Feet
Head
Neck
Arms
Heart & Lungs
Liver
Stomach
Intestines
Kidneys
Waist
Lower Abdomen
Legs
Feet

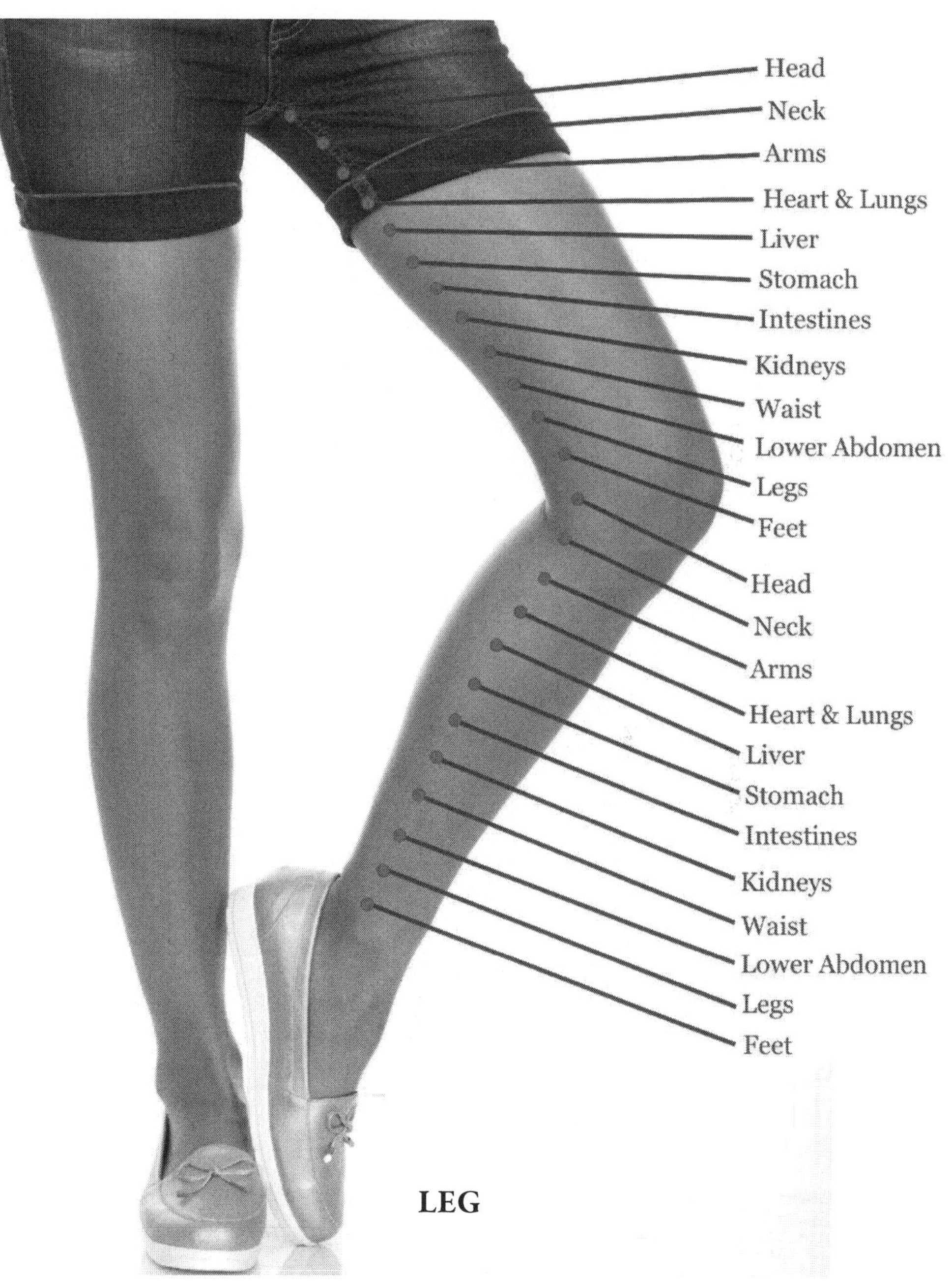

LEG

Puedes ver cómo, cuando tus manos están de frente a la línea central, abres incluso más puntos de respuesta que al alejar tus manos de la línea central. Obtienes beneficios de cualquier manera, pero uno es mejor. Y, cuando abres los dedos, abres los seis canales de los dedos y también se abren los puntos de respuesta de la mano y del brazo. Mayor beneficio. Menos tiempo. Estas son algunas de las razones por las que digo que no hay correcto o incorrecto en tus movimientos de Qigong, solo bueno, mejor y lo mejor.

Elegí el nombre de Spring Forest Qigong por su significado. Primero, piensa en un bosque en primavera. Está pleno de nueva vida y crecimiento con nuevos comienzos y nuevas posibilidades. Esa es una de las razones.

La otra es que un solo árbol no forma un bosque. Se necesitan muchos, muchos árboles de diferentes tipos, formas y tamaños. Algunos muy viejos. Algunos nuevos. Se necesita todo esto para formar un bosque.

Así es como veo Spring Forest Qigong, como un árbol en el bosque para ayudar a sanar, a hacer del mundo un lugar más amoroso en el que vivir. Mi deseo es trabajar con todas las personas, con médicos, enfermeras, terapeutas y profesionales de la salud y el bienestar de todo tipo, con todas las personas de todo el mundo que compartan este mismo objetivo conmigo.

Enseño cuatro niveles de Spring Forest Qigong, y hay un entrenamiento más avanzado que va más allá de esos cuatro niveles. Sin embargo, todo lo que necesitas para aprender a abrir bloqueos de energía en tu cuerpo, para equilibrar tu energía y mantenerla fluyendo con libertad y sin problemas, lo aprendes en el Nivel Uno. También aprendes una técnica muy simple y poderosa para ayudar a los demás y te compartiré esa técnica en este libro.

Este libro es una excelente manera de comenzar y te enseñaré algunas cosas valiosas para que puedas practicar. También hay meditaciones guiadas y otros elementos que debes conocer y practicar que simplemente no se pueden presentar en un libro. Es por eso que doy clases, aliento a otros a enseñar y compartir sus conocimientos con sus amigos, y por eso he creado cintas de video y audio para ayudarte a aprender en casa.

Los movimientos en el siguiente capítulo te ayudarán a comenzar y pueden ser de gran beneficio para ti.

Tres ejercicios básicos de Spring Forest Qigong

Cada uno de estos ejercicios: el Principio del Universo, el Movimiento de Yin y Yang y la Respiración del Universo; ayudan a abrir canales de energía en el cuerpo y a despertar tu conciencia de cómo la energía se mueve y fluye a través de tu cuerpo.

Hay muchos canales de energía en el cuerpo, pero los más importantes son el canal frontal y el canal posterior. El canal posterior es el canal gobernante.

Todos los demás canales de energía trabajan alrededor de estos dos canales principales. Uno de estos dos canales principales termina en el paladar, mientras que el otro termina en la punta de tu lengua. Por lo tanto, siempre que practiques cualquier ejercicio de Spring Forest Qigong, siempre debes colocar tu lengua suavemente contra el paladar. Tu lengua actúa como el interruptor que conecta los dos canales principales.

Puedes hacer estos ejercicios de pie, sentado o acostado.

El principio del universo

Este ejercicio ayuda a llevar tu enfoque a tu cuerpo y a despertar tu energía interior.

• Al hacer este ejercicio sentado, intenta sentarte erguido y mantén la columna recta.

• Al hacer este ejercicio acostado, acuéstate boca arriba y mantén tu columna lo más recta posible.

• Al hacer este ejercicio de pie, párate derecho con los dedos de los pies apuntando hacia adelante y flexiona un poco las rodillas. (Si quieres bajar de peso, flexiona las rodillas un poco más).

• Coloca tus pies un poco más separados que el ancho de los hombros para mantener un buen equilibrio mientras estás de pie.

• Los ojos miran hacia adelante.

• Dibuja una sonrisa en tu rostro para relajar cada parte del cuerpo y estimular tu cerebro para que produzca endorfinas.

• Lleva la barbilla ligeramente hacia atrás para enderezar toda la columna vertebral. La energía viaja hacia arriba y hacia abajo por la columna vertebral por el canal gobernante con más facilidad cuando la columna está recta.

• Baja los hombros y coloca los codos un poco hacia afuera.

• Abre tus manos y separa suavemente tus dedos. Cuando abres los dedos, abres muchos canales de energía en el cuerpo. Cuando cierras los dedos, cierras estos canales.

• Toma una respiración profunda, silenciosa y suave por la nariz. Al inhalar, contrae un poco la parte baja del estómago. Al exhalar, deja expande el estómago. Esto facilita que las energías Yin y Yang se comuniquen entre sí y creen equilibrio.

• Imagina que usas todo tu cuerpo para respirar. Visualiza la energía universal entrando por cada célula de tu cuerpo y acumulándose en el Dantian inferior. Este es un centro primordial de energía en tu cuerpo. El Dantian inferior se encuentra en el área detrás de tu ombligo.

• Al exhalar, visualiza que cualquier dolor o enfermedad se convierte en humo y sale disparado desde cada célula de tu cuerpo hasta el fin del universo.

• Cierra suavemente tus ojos y tus labios.

• Ahora di la contraseña mentalmente: "Yo estoy en el universo. El universo está en mí. El universo y yo somos uno".

• Continúa respirando lenta, profunda y suavemente; siente el vacío, la tranquilidad y la quietud del universo.

Practica este ejercicio durante 2 a 3 minutos o más si tienes tiempo.

El movimiento de Yin y Yang

Este ejercicio es muy bueno para curar tus órganos internos. A través de la guía de tu mente y el movimiento de tus manos, la energía del corazón y la energía del riñón se unen durante este ejercicio y abren muchos bloqueos en el cuerpo.

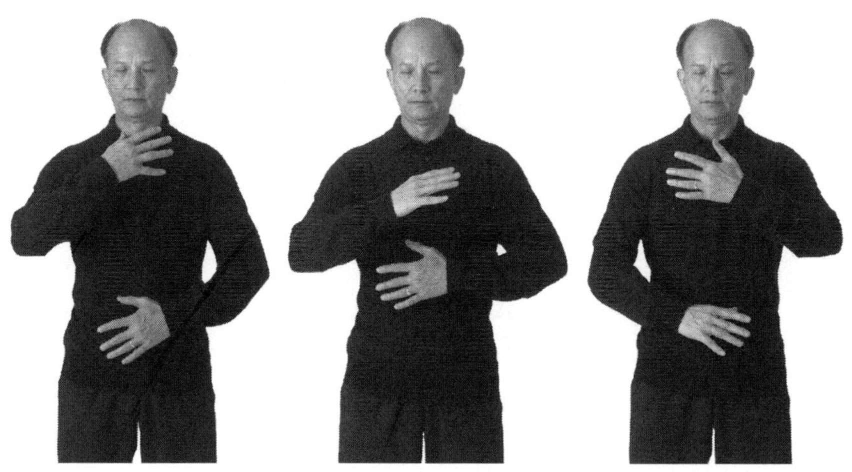

De nuevo, puedes hacer este ejercicio de pie, sentado o acostado. Usa las mismas posiciones del cuerpo que en el Principio del Universo y recuerda colocar tu lengua suavemente contra el paladar.

• Continúa respirando de manera profunda y suave mientras llevas tu mano derecha, la energía masculina Yang, hacia la parte superior del pecho y llevas tu mano izquierda, la energía femenina Yin, hacia la parte inferior del estómago.

• Tus manos y dedos permanecen ligeramente abiertos para recibir energía, con las palmas hacia ti, sin tocar el cuerpo, para crear una sensación de vacío.

• Al levantar las manos, visualiza una columna de energía transparente en el medio de tu torso que resplandece con hermosos colores. Esta columna de energía se extiende desde la parte superior de tu cabeza hasta la parte inferior de tu torso. El tamaño de la columna de energía depende de tu visualización. (Si tienes dificultades para mantener esta visualización, no la fuerces. Simplemente dilo una vez en tu mente y luego sabe que la columna de energía está ahí).

• Mantén esta posición durante unos 30 segundos, más tiempo si lo deseas, luego comienza a mover tus manos lentamente. Tu mano derecha se mueve hacia afuera y hacia abajo hasta la parte inferior del torso, mientras que tu mano izquierda se mueve hacia adentro y hacia tu rostro. De nuevo, tus manos no tocan tu cuerpo.

• Continúa moviendo tus manos lentamente en este patrón circular. Tus manos se mueven a una velocidad de 3 a 5 círculos por minuto.

• Al mover tus manos, visualiza la energía subiendo y bajando por la columna transparente y visualiza cómo los canales en el torso se abren por completo. (Si tienes dificultades para mantener esta visualización, solo dilo una vez en tu mente. Luego, confía en que la columna de energía transparente está allí y céntrate en guiar la energía con tus manos. Siente la energía en movimiento. Este es un enfoque relajado. No se debe sentir forzado).

Haz este ejercicio de 5 a 10 minutos o más si puedes. Entre más tiempo pases haciendo este ejercicio, más profundo comenzarás a entrar en el vacío.

La Respiración del Universo

Este ejercicio es muy bueno para curar los pulmones y la piel y para equilibrar la energía dentro y fuera del cuerpo.

Si estás haciendo el Movimiento de Yin y Yang antes de hacer la Respiración del Universo, haz la transición de la siguiente manera.

Termina el movimiento de Yin y Yang y detén ambas manos lentamente frente a tu ombligo al nivel de tu Dantian inferior.

Para los hombres, detén la mano izquierda detrás de la mano derecha. Para las mujeres, detén la mano derecha detrás de la mano izquierda.

De nuevo, tus manos no se tocan entre sí o a tu cuerpo. Este espacio te permite mantener la sensación del vacío.

- Ahora, enfoca tu mente en tu Dantian inferior y toma tres respiraciones lentas, suaves y profundas.
- Luego, al inhalar por cuarta vez, separa las manos y ábrelas hacia los lados.
- A medida que exhalas, acerca las manos, pero tus manos no se tocan.
- Continúa haciendo este movimiento con cada inhalación y exhalación, de manera lenta y constante.
- Imagina que utilizas todo tu cuerpo para respirar.
- Al abrir las manos, siente la energía a medida que se expande en el espacio entre tus manos.
- Al cerrar las manos, siente cómo la energía se comprime en el espacio entre tus manos.
- Con la práctica, y quizás de una manera muy rápida, realmente sentirás la energía expandirse y comprimirse.

- Usa las manos y el cuerpo para sentir la energía moverse mientras usas los codos para guiar los movimientos.
- Al inhalar, visualiza cómo la energía universal pura fluye en tu cuerpo a través de cada parte de tu cuerpo y se acumula en tu Dantian inferior.
- Al exhalar, imagina que cualquier dolor o enfermedad se convierte en humo o aire y sale disparado desde todas las partes del cuerpo hasta el fin del universo.
- No permitas que tu cuerpo se balancee mientras realizas estos movimientos. Solo mantén tu cuerpo quieto y relajado, y siempre ten una sonrisa en tu rostro.

Haz este movimiento durante 5 a 10 minutos o más si tienes tiempo.

Mover las manos de esta manera y combinarla con la técnica de respiración te ayuda a abrir los bloqueos en todo el cuerpo, en especial los pulmones.

Al terminar este movimiento, detén las manos frente a ti como si sostuvieras una bola de energía frente a tu ombligo, tu Dantian inferior. Toma tres respiraciones lentas, suaves y profundas por la nariz.

Cierre

Al terminar de hacer tus ejercicios de Spring Forest Qigong, siempre debes frotar tus manos y masajear tu rostro de la siguiente manera:

Comienza por la barbilla y acaricia tu rostro con suavidad, a lo largo de los lados de la nariz, sube hasta la frente, luego hacia afuera y hacia abajo en un patrón circular a lo largo de los lados de la cara y de vuelta a la barbilla. Luego, vuelve a empezar de la misma manera. Masajea tu rostro de esta manera varias veces. Hacer esto ayuda a volver a centrarte en el vacío.

Puedes practicar estos ejercicios combinándolos entre sí, uno tras otro; o bien, puedes practicar uno solo a la vez. Intenta practicarlos siempre que sientas la necesidad de relajarte por completo y renovarte. Incluso si solo tienes unos minutos, estos ejercicios pueden ser útiles. Por supuesto, cuanto más practiques estos ejercicios de Spring Forest Qigong, y cuanto más tiempo puedas dedicarles, más sentirás la energía y serás capaz de adentrarte en el vacío con mayor profundidad.

Recuerda siempre decir la contraseña cada vez que comiences tus ejercicios. Al decir la contraseña: Yo estoy en el universo. El universo está en mí. El universo y yo somos uno, te abres al universo y a tu suministro ilimitado de energía curativa.

Universo Pequeño

El propósito de este ejercicio de meditación es limpiar los bloqueos de energía a lo largo de los canales frontal y posterior, limpiar físicamente las raíces de la enfermedad y abrir los centros de energía a lo largo de estos canales.

Recomiendo encarecidamente este ejercicio. Si tienes tiempo para hacer solo una técnica de Spring Forest Qigong, haz el Universo Pequeño. Es extremadamente útil para abrir bloqueos y equilibrar toda la energía en tu cuerpo.

Tenemos muchos canales y centros de energía en nuestros cuerpos. Cuando la energía comienza en un punto, visita todos los canales y centros del cuerpo, y vuelve al punto de partida, tenemos lo que literalmente se traduce en la antigua sabiduría china como un "Universo Grande".

Los canales de energía más importantes son los canales posterior y frontal en el torso. Cuando la energía comienza en un punto en estos canales, visita todas las partes del sistema y regresa al punto de partida; tenemos lo que se llama un "Universo Pequeño". Al enfocarnos en mover la energía a lo largo de estos dos canales principales en el Universo Pequeño, logramos un efecto profundamente positivo en el Gran Universo de todo el cuerpo.

El canal posterior comienza en el área de Dantian bajo -que está detrás del ombligo-, baja hasta la parte inferior del torso, sube a lo largo de la columna vertebral hasta la parte superior de la cabeza y baja desde la mitad de la frente, deteniéndose en el paladar. Este canal gobierna todos los canales de energía Yang o masculinos en el cuerpo.

El canal frontal también comienza en la zona del Dantian bajo, desciende hasta la parte inferior del torso, sube por el cuerpo, pasa por el corazón y la garganta y se detiene debajo de la lengua. Gobierna todos los canales de energía Yin o femenina en el cuerpo.

Estos dos canales se conectan de manera automática durante cuatro horas al día: al mediodía entre las 11:00 a.m. y las 1:00 p.m. y a la medianoche entre las 11:00 p.m. y a las 1:00 a.m. A los practicantes de Qigong les gusta meditar al mediodía y en la medianoche porque requiere menos energía y genera mayores beneficios.

Casi todos los centros de energía importantes se encuentran a lo largo de los canales posteriores y frontales. Como resultado, un bloqueo en el centro de energía del corazón podría causar, no solo problemas cardíacos, sino también problemas en los pulmones, senos, tórax o incluso problemas mentales. Un bloqueo en el coxis podría causar problemas en los órganos reproductivos, baja energía sexual o incluso dolores de cabeza. Un bloqueo en la séptima vértebra cervical de la médula espinal podría causar dolores de cabeza, fiebre, diabetes o incluso problemas pulmonares o cardíacos.

El Universo Pequeño es la técnica de meditación más fácil para abrir estos dos canales principales. He creado una grabación de audio y un CD con una hermosa música de fondo para guiarte a través de cada movimiento en esta meditación. Especialmente si eres principiante, es muy difícil hacer esta meditación por tu cuenta.

Escucha la voz del maestro en la grabación de audio. Escuchará dos sonidos [...OOHM...] y [...MUAH...]

(Si haces esta meditación sin una grabación que te guíe, haz el sonido "OOHM" con tu primera inhalación, y visualiza la energía universal fluir en tu cuerpo y acumularse en tu Dantian bajo, que está detrás de tu ombligo. Al exhalar, usa tu mente para mover la energía a la siguiente área de tu cuerpo como se indica en la imagen. En la segunda inhalación, haz el sonido de "MUAH", y de nuevo visualiza la energía fluir dentro de tu cuerpo y acumularse en este siguiente punto. Al exhalar, usa tu mente para mover la energía a la siguiente área del cuerpo. Repite esta secuencia a lo largo de la meditación).

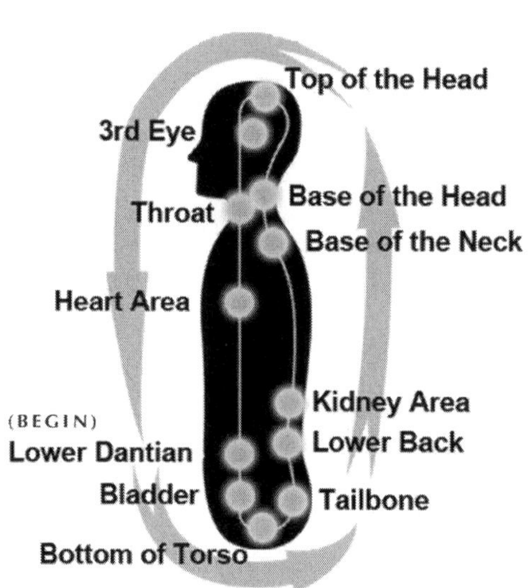

Ayudar a otros a sanar

Puedes usar el Qi (la energía) para curarte a ti mismo. También puedes usar el Qi para ayudar a otros a sanar. Los principios son los mismos. Es muy fácil y sencillo de aprender, y sin embargo, puede ser muy, muy útil. Esta es la parte que más me apasiona de Spring Forest Qigong: ayudar a los demás.

Cuando escuchas por primera vez que podrías ayudar a otros a sanar con tu Qi, podrías pensar que esto es demasiado bueno para ser verdad. Muchos maestros también han dicho que si quieres enseñar cómo enviar Qi para ayudar a otros, tienes que tomar años de entrenamiento intensivo antes de poder hacerlo.

Cuando fui con mis maestros de Qigong y les pregunté qué tan pronto podría curar como ellos lo hacían, algunos dijeron que diez años, otros dijeron que veinte años, y uno incluso dijo que cincuenta años. Pero mi voz interior me dijo que curar a otros es incluso más sencillo que aprender los ejercicios de Qigong. Seguí mi voz interior y busqué y busqué. Ahora creo que lo he encontrado.

Dedos de espada

De hecho, te darás cuenta que es muy fácil aprender esta técnica básica para ayudar a los demás. Incluso puedes aprenderla en tan solo dos minutos. Esta técnica se llama "dedos de espada". Enseño técnicas de curación más avanzadas en mis niveles más altos, pero la técnica de los dedos de espada es básica y es muy efectiva.

Solo sigue mis instrucciones y pruébalo.

Práctica de los Dedos de Espada

- Primero coloca tus dedos en la posición de Dedos de Espada. Tus dedos medio e índice están juntos y apuntan hacia afuera. Tus dedos anular y meñique se arquean hacia la palma de la mano con la yema del pulgar sobre ellos.
- Levanta la otra mano y apunta los Dedos de Espada hacia la palma de esa mano a unos dos centímetros de distancia.
- Di en tu mente: "Envía energía de mis Dedos de Espada a mi palma".
- Mantente apuntando a la palma de tu mano y mueve los Dedos de Espada en un movimiento circular.

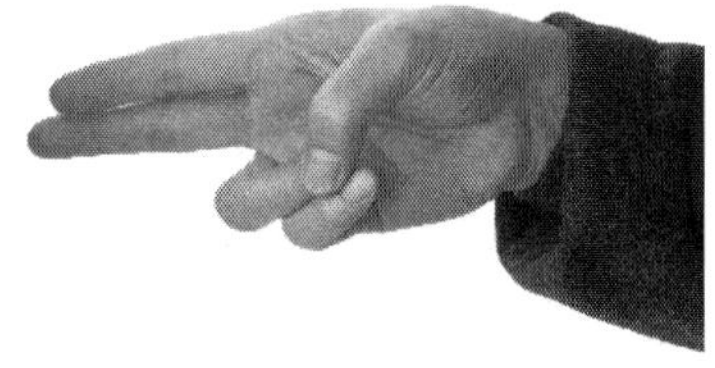

- ¿Qué sientes? ¿Sientes la energía? Muchas personas sienten la energía de inmediato. Algunos tardan un poco más. Sé paciente.
- Ahora, visualiza que la energía en forma de una luz hermosa y poderosa se dispara desde tus Dedos de Espada. Apúntalos hacia tu palma y muévelos de nuevo.
- Mueve tus Dedos de Espada unas seis pulgadas hacia atrás alejándote de la palma de la mano y continúa con el movimiento circular.
- Todavía puedes sentir la energía. No tienes que estar muy cerca. De hecho, intenta esto a través de una mesa o el respaldo de una silla. Mantén tus Dedos de Espada en un lado y tu palma abierta en el otro. Todavía puedes sentir la energía moviéndose.

Usa los Dedos de Espada

- Mantén tus dedos en la posición de Dedos de Espada. (Las puntas de tus dedos meñique y anular tocan la primera parte de tu pulgar. Tus dedos medio e índice reposan juntos y apuntan hacia afuera).
- Dibuja una sonrisa en tu rostro.
- Di la contraseña mentalmente: "Yo estoy en el universo. El universo está en mí. El universo y yo somos uno". Este mensaje abre la puerta para recibir la energía universal.
- Pídele a tu amigo que tome tres respiraciones lentas, suaves

y profundas, y que simplemente se relaje. (Si tu amigo quiere centrarse en un recuerdo maravilloso o en un lugar o algo que los haga sentir felices y tranquilos, eso también está bien).

- Apunta tus Dedos de Espada hacia un área donde tu amigo sienta dolor o incomodidad. (En este nivel, tendrás que preguntarle a tu amigo dónde está esta área. En mis niveles avanzados, aprenderás cómo detectar por ti mismo los bloqueos de energía en el cuerpo). Tú no tocas a tu amigo. Trabajas a una distancia de 15 a 45 centímetros del cuerpo. Mueve tus Dedos de Espada para romper los bloqueos de energía. Puedes mover tus Dedos de Espada en un movimiento circular o como si estuvieras picando verdura.
- (No apuntes tus Dedos de Espada directamente al corazón de tu amigo. Para el corazón, usa tus Dedos de Espada por los lados. Esto es lo más efectivo).
- Visualiza un torrente de una hermosa energía de luz que sale de tus Dedos de Espada y rompe el bloqueo de energía.
- Una vez que sientas que se rompe el bloqueo de energía (esto debería tomar unos 15 o 20 segundos), debes sacar el bloqueo.
- Usa tu mano para sacar el bloqueo. Para ello, abre la mano y visualiza energía que sale de cada uno de tus dedos. Puedes usar una o ambas manos. Recomiendo usar solo una mano.

- Visualiza como la energía sale de tus dedos y entra en la parte del cuerpo de tu amigo donde él o ella sienta dolor o enfermedad, o cualquiera que sea el problema.

- Visualiza como la energía convierte el bloqueo en aire o humo. (O siéntete libre de ser creativo y utiliza una visualización diferente que te ayude a enfocar el poder de tu mente). Agarra el aire o el humo. Sácalo del cuerpo y deshazte de él. El bloqueo de energía es simplemente energía extra en el cuerpo que devuelves al universo. No es mala energía, no hay tal cosa. Es solo energía que está en el lugar equivocado.

  Sigue sacando el aire o el humo hasta que sientas que el bloqueo se ha liberado. (No saques la energía de la parte superior de la cabeza o de la parte frontal del corazón. Esto no es efectivo. Trabaja en la cabeza y el corazón desde los lados o desde la parte posterior).

- Al sacar el bloqueo de energía, es posible que se sienta fibroso o pegajoso como espagueti o caramelo. Puedes sentir calor o frío. Las personas perciben diversas sensaciones al hacer esto. Sigue sacando hasta que la sensación cambie o sientas que todo se ha ido. Esto debería tomar solo un minuto o dos, a veces un poco más.

- Mientras eliminas el bloqueo, repite mentalmente: "Los bloqueos se abren. Los dolores se han ido. Estás completamente curado..." Dite esto con gran confianza y claridad.

- Cuando sientas que el bloqueo ha desaparecido, devuelve

energía curativa al área donde eliminaste el bloqueo. Esto ayuda a equilibrar la energía y hace que fluya de manera libre y sin problemas.

- Usa tu palma para dar energía curativa. (La frecuencia de energía de tu palma es diferente a la frecuencia de la energía que proviene de tus Dedos de Espada).

- Visualiza la energía como una hermosa luz que surge de tu palma. Envía energía de regreso al área moviendo la mano de atrás hacia delante nueve veces. Si siempre mueves tus manos suavemente de esa manera, la energía será más reconfortante para tu amigo.

- Al terminar, pídele a tu amigo que tome tres respiraciones lentas, suaves y profundas, que frote sus manos y masajee su rostro, comenzando desde el área de la barbilla, a lo largo de ambos lados de la nariz hasta la frente, y luego hacia fuera y hacia abajo en un patrón circular. Esta es la mejor manera, pero no le des demasiada importancia. Cualquier movimiento de masaje suave estará bien. Esto ayuda a sacarlos de su estado relajado sin sentirse descentrados.

- Ahora, dile a tu amigo: "¡Ahora te sientes mejor!" "¡Ahora te sientes bien!" Al compartir tu energía de sanación con tu amigo, también quieres compartir tu energía positiva y tu confianza. Esto también es muy útil. (No preguntes: "¿Todavía sientes el dolor?" Esto podría enviar el mensaje equivocado y podría hacer que tu amigo busque el dolor y lo traiga de vuelta).

- Eso es todo. Es así de simple. Pruébalo y verás.

Mientras más confianza tengas y entre más claro sea tu enfoque, más efectivo serás. La clave es tu deseo de ayudar, el amor y la compasión que tienes en tu corazón. De aquí surge la energía curativa.

Siempre has tenido el don de la curación; ahora conoces una técnica para compartir este regalo con tu familia, tus amigos y el mundo entero. A partir de este momento, siempre sabrás que hay algo que puedes hacer para ayudar. Y cuanto más utilices esta técnica, más darás este don para ayudar a otros y más aumentará tu habilidad.

Puntos importantes

- En la curación de Spring Forest Qigong, cuanta más energía envíes para curar a otros, más recibirás.
- En Spring Forest Qigong, practicamos el uso de la energía universal, que es ilimitada y siempre está disponible para ti.
- Si eres una persona espiritual o religiosa, invoca la energía de tus guías espirituales -Dios, Jesús, Alá, Buda, quienquiera que sea-, unir su energía con la tuya será aún más poderoso.
- Siempre dibuja una sonrisa en tu rostro cuando practiques Spring Forest Qigong, ya sea para ti o para ayudar a otros.

- Cuanto más fuerte sea tu enfoque y visualización, más exitosa será tu curación.
- Al realizar la curación, visualiza la energía universal que entra a tu cuerpo a través de cada célula y se acumula en tu Dantian bajo. (No tienes que enfocarte en esto de manera continua, solo velo una vez o dilo una vez en tu mente, y eso será suficiente). De esta manera, durante la curación acumulas más energía de la que envías.
- Siempre recuerda que estás ayudando a alguien más a curarse a sí mismo. La curación en sí misma proviene de la energía.
- Siéntete con confianza. Céntrate en cuánto amas a la gente, no en el éxito o el fracaso. No controlamos el resultado, solo el esfuerzo y el mensaje.
- Recuerda que es la vibración de la energía del amor, la bondad y el perdón lo que está sanando.
- Abraza tu deseo de ayudar a tu amigo. Enfócate en lo maravilloso que es tener la oportunidad de ayudar a otros, a medida que te ayudas a crecer y a purificar tu propia energía.
- Puedes usar los Dedos de Espada para ayudar a otros y también puedes usar los Dedos de Espada para ayudarte a ti mismo.
- Esta técnica puede ser muy útil para los esguinces, los dolores de cabeza, la rigidez o el dolor en las articulaciones, los hombros, la espalda o en cualquier parte

del cuerpo, dolores y molestias musculares, congestión de los senos nasales, tos, dolores de crecimiento en los niños, dolores de estómago y muchas, muchas cosas más.

En este Nivel Unonicial, tendrás que preguntarle a tu amigo dónde está el dolor o el problema, y luego podrás trabajar en esa área específica. Es posible que hayan otros bloqueos de energía en el cuerpo que estén contribuyendo a su problema.

En el Nivel UnoI y en mis clases más avanzadas, aprenderás a localizar todos los bloqueos de energía en el cuerpo y cómo eliminarlos para ayudar a tu amigo a equilibrar toda la energía en su cuerpo. Pero la técnica de los Dedos de Espada por sí sola puede ser muy útil y efectiva.

He compartido esta técnica de curación con miles de personas que han usado esta técnica para ayudar a muchas personas: sus amigos, su familia, incluso sus mascotas y plantas.

Un hombre me escribió desde Texas. Aprendió la técnica de los Dedos de Espada de mi paquete de estudio en casa Nivel Uno. Utilizó la técnica de curación en los hombros y las rodillas de su madre y en media hora todo su dolor desapareció.

Otra estudiante llamada Tina dijo que la misma noche que aprendió la técnica de los Dedos de Espada durante la clase, fue a su casa y descubrió que su hija de siete años tenía una infección de oído. Ella probó la medicina, pero no funcionó, y su pequeña niña todavía sentía mucho dolor y malestar. Así que, un poco nerviosa, Tina probó los Dedos de Espada en el oído de su hija. A los veinte minutos, el dolor desapareció y su hija durmió profundamente durante la noche. A la mañana siguiente se levantó y fue a la escuela como si nada hubiera pasado la noche anterior.

Una de mis estudiantes llamada Gwen, ayudó a su esposo a deshacerse de verrugas muy dolorosas usando esta técnica el primer día que lo aprendió en mi clase. Ella dice que las verrugas habían sido una fuente de dolor terrible para su esposo durante más de un año.

Otra joven contó cómo uno de mis alumnos usó esta técnica para ayudarla, y al día siguiente una mancha que tenía en su nariz desapareció por completo. Ella se sentía muy acomplejada debido a esta mancha porque simplemente no se iba, y ningún maquillaje la cubría. Era pequeña, pero para ella era grande. Pensó que era un milagro y eso la llevó a convertirse en estudiante.

Otra alumna, llamada Joan, aprendió la técnica de curación en mi clase. Fue a su casa y lo probó con su perro que tenía artritis en las piernas. Al terminar su perro se levantó y caminó sin cojear.

Muchos estudiantes han usado esta técnica sencilla para ayudar a sus mascotas, a sus gatos y perros. Los animales son muy sensibles a esta energía y es muy reconfortante para ellos.

Lo creas o no, ayudar a los demás es así de sencillo. Si eres escéptico, está bien. Muchas personas están comenzando. Si utilizas la técnica, verás qué ocurre.

Te podría contar muchas historias. De hecho, en este libro leerás algunas de estudiantes que comenzaron muy escépticos con amigos y familiares que eran aún más escépticos. Pero una vez que viven la experiencia de la sanación por Qigong por sí mismos, sus dudas desaparecen. (La historia de Denise Douglass-White en la página 165 o la historia de Cres Schramm en la página 207 son buenos ejemplos).

Si tus amigos son escépticos, eso también está bien. No trates de convencer a nadie de que esto funciona. Si quieren que les ayudes, eso es maravilloso. Si no, está bien, también. Aún así les puedes enviar la energía de tu amor, bondad y perdón por medio de tus pensamientos u oraciones.

TERCERA PARTE

Historias de los alumnos

"Un sanador en cada hogar

y un mundo sin dolor ni sufrimiento"

Historias de los estudiantes

Siempre dejo un tiempo en mis clases para que mis alumnos hablen sobre sus experiencias con Spring Forest Qigong y compartan sus historias. Me encanta escuchar sus historias y es muy útil para los demás. Les ayuda saber que el Qigong realmente puede funcionar para cualquier persona, no solo para los maestros de Qigong.

Muchos alumnos me dieron sus historias para este libro, si las utilizara todas necesitaría un volumen completo. Todas son maravillosas y me gustaría poderlas usar todas. Espero no herir los sentimientos de nadie.

Hemos elegido algunas historias y esperamos que sean una muestra representativa de las experiencias. Algunas de las historias son cortas, otras son largas. Las historias son tal como las escribieron los alumnos y narran lo mucho o poco que querían contar. Las estamos presentando en orden alfabético.

Esperamos que las disfrutes y que sean significativas para tu vida.

PATRICK DOUGHERTY

MA, L.P., Psicólogo con licencia
St. Paul, MN

Alivio del estrés

Spring Forest Qigong es la experiencia más impresionante y profunda de salud y curación que he vivido. He investigado durante muchos, muchos años, tanto de manera personal como profesional, maneras de ayudarme a mí mismo y a los demás a traer equilibrio y salud integral a nuestras vidas. Encontré lo que estaba buscando durante todos esos años en Spring Forest Qigong.

Crecí en los suburbios de Minneapolis en una familia donde había mucho abuso y alcoholismo. Después de la secundaria me uní a la Marina y fui a la Guerra de Vietnam. Al regresar, trabajé durante cinco años en la construcción de casas y viví unos de los tiempos más difíciles de mi vida. En mis primeros veinticinco años de vida ya había visto gran parte de la tragedia humana.

Dentro de toda aquella confusión, nunca dejó de arder una pasión dentro de mí. Siempre me importaron mucho las personas y tenía un anhelo muy grande de ayudarlas, pero mi vida era un desastre, y primero necesitaba mucha ayuda para mí mismo, no tenía la menor idea de qué hacer para ayudar a los demás. No fue hasta que recibí el tratamiento para el alcoholismo y la drogadicción en 1976 que se abrió una puerta para que empezara a hacer algo por los demás.

A fines de los años 70 trabajé en la industria química, y luego en 1981, me fui a vivir a Irlanda del Norte durante medio año en el que trabajé en un centro de retiro para la paz y la reconciliación. Fue ahí donde desarrollé el plan para mi maestría. Regresé y obtuve la maestría en psicología, en desarrollo humano, obtuve mi licencia de psicología y comencé a dar sesiones privadas.

Siempre me ha encantado mi trabajo, pero siempre me he sentido muy frustrado por el tiempo que tarda la gente en sanar. La gente llega con muchos problemas: dificultades maritales, estrés postraumático, ansiedad y depresión. Se sienten completamente perdidos. La mayoría de las veces quieren hablar de ello y quieren enfocarse en la psicoterapia tradicional. En realidad la mayor parte de las veces todos los aspectos de su vida necesitan atención.

Los clientes acuden a mí con problemas de salud mental, pero casi nunca están haciendo lo necesario para mantener su salud física o espiritual. Están muy desequilibrados en la mente, el cuerpo y el espíritu. Recurren a mí con la esperanza de que al hablar y comprender sus problemas, y quizás, que al ponerse en contacto con lo que sienten con respecto a sus problemas, podrán mejorar su salud vital y por ende su camino espiritual. Obviamente, eso casi nunca sucede. La psicoterapia termina siendo un proceso de recuperación muy lento y muchas veces incompleto para lo que el cliente está buscando.

La mayor parte de los problemas por los que las personas

acuden a mí podrían resolverse con mayor rapidez si trabajaran con sus cuerpos energéticamente y profundizaran en el aspecto espiritual de sus vidas. Los clientes que buscan el equilibrio físico y espiritual, además de trabajar en su salud mental, son quienes generalmente progresan más rápido y obtienen una curación más profunda. Por esta razón, aliento a las personas a hacer Tai Chi, yoga, trabajo corporal, meditación o cualquier cosa, tienen que hacer algo además de hablar sobre ello.

He probado muchos de estos enfoques e incluso he practicado algunos de ellos durante años, y siempre he sabido por qué la mayor parte de mis clientes se mostraban reacios a mis sugerencias: no estaban preparados para realizar la práctica durante los años que se requiere para que pudieran experimentar un beneficio significativo en su vida. Y de alguna manera tenían razón, hasta que descubrí Spring Forest Qigong.

Un diciembre, cuando me sentía especialmente cansado y estresado por el trabajo, con dos hijos pequeños, un matrimonio y todas las complejidades de la vida, llamé a un amigo que también estaba deambulando por todos lados buscando una vida mejor. En el almuerzo le dije: "Jim, estoy cansado. Estoy estresado. Mi práctica se ha vuelto aburrida. Estoy cansado todo el tiempo y mi vida es completamente rutinaria. Acabo de leer acerca de un asunto llamado Qigong. Hay una clase en el centro de educación de la comunidad, un tipo que ofrece dos clases de 2 horas que prometen cambiar tu vida. ¿Has oído hablar de estas cosas?"

Jim dijo: "Sabes, si vas a estudiar Qigong, lo mejor sería estudiar con un maestro chino de Qigong". Le dije: "Bien, Jim, ¿dónde voy a encontrar uno de esos aquí en la tundra helada de Minnesota?" Él dijo: "En la Universidad Anoka Ramsey Junior, a unos 20 minutos de aquí". No necesitaba un maestro espiritual para entender que el mensaje estaba claro: debía seguir ese camino.

Entonces, me dio el número telefónico de Chunyi Lin, lo llamé y me dijo: "Sí, doy una clase a partir del miércoles por la noche". Y le dije: "Voy a estar fuera de la ciudad. ¿Puedo comenzar la siguiente semana?" Él dijo: "No. Puedes comenzar el próximo mes". Le dije: "En verdad necesito empezar ahora. ¿Qué puedo hacer?" Y él dijo: "Lo siento". Así que aquel miércoles, cuando salía de la ciudad, se soltó una tormenta de nieve y él canceló su primera clase. Entonces, lo llamé cuando llegué a casa y me dijo: "Sí, la clase comenzará este miércoles. Ven". Lo hice y mi vida nunca volvió a ser la misma.

Con aquella primera clase, supe de inmediato que el Qigong tenía un poder especial que otras modalidades no tenían porque sentí algo diferente. Después de tan solo dos o tres semanas, literalmente pude sentir la energía, mucha energía. Primero pensé que había una brisa externa alrededor de mi cabeza. Master Lin me dijo que era energía. Luego se movió alrededor de mi cabeza, y después dentro de mi cabeza, y luego bajó por mi espina dorsal. Entonces, supe que mi práctica de Qigong estaba teniendo un impacto energético en mí. Fue muy intenso. Estaba funcionando y podía sentirlo. Entonces, comencé a practicar mucho.

En casa mi familia también podía sentirlo. Mi esposa me decía todo el tiempo: "¿Qué está pasando contigo? Te ves mucho más relajado". Ya no me sentía estresado.

Casi todos sabemos cómo se siente el estrés. Es como si tu energía te estuviera jalando en seis direcciones diferentes, no puedes dormir lo suficiente, vuelves a casa y solo quieres sentarte frente al televisor y no pensar en nada. Yo ya no tenía eso. Simplemente ya no tenía esa sensación de estrés. Es una lección de humildad mirar hacia atrás y ver el nivel de salud mental que estaba aceptando normalmente. Esa no es vida.

Un día fui a una fiesta y salí con unos amigos que se pusieron a platicar: "Estoy muy estresada porque estoy haciendo esto y aquello, y mis hijos tienen tal problema, ya sabes..." Y todos los demás responden: "Mmm, hmm, sí." Y yo digo: "lo siento. A mí también me suceden todas esas cosas, pero ya no me siento estresado".

Eso sucedió poco después de que empecé a practicar. Más o menos después de tres meses después de que comencé aprender y practicar Spring Forest Qigong, pude sentir que todo estaba cambiando. En vez de acostarme temprano, me acostaba más tarde porque estaba despierto. Me levantaba temprano y comenzaba a practicar. No podía parar de practicar. Practicaba todas las mañanas y todas las noches. Así que eso fue muy, muy bueno, y mi sueño mejoró mucho.

Siempre tuve un sueño ligero. Yo era parte del veinte por ciento de los estadounidenses que padece algún tipo de insomnio. Ahora duermo como un bebé y necesito menos sueño. Es muy, muy bueno para el sueño. Todo se debe a la práctica de Spring Forest Qigong.

Creo que la clave de todo es respirar. Cuando aprendes a respirar y lo haces visualizando las imágenes correctas en tu mente, tu respiración puede cambiar, y tu vida también cambia. Si las personas solo aprendieran la técnica de respiración, si se les diera solo tres de los ejercicios de Qigong que se enfocan en la respiración, tan solo eso podría cambiar sus vidas por completo. Es así de simple.

Ahora doy clases a psicoterapeutas: Spring Forest Qigong para psicoterapeutas y eso es lo que les enseño. Pueden ayudar muchísimo a sus clientes enseñándoles un poco de Qigong. Por supuesto tienen que practicar Qigong para que sean buenos modelos. Tienen que hacer los ejercicios de respiración correctamente. Pero aprenden tal como yo, que equilibrarte abre la puerta a la curación en todos los niveles: cuerpo, mente y espíritu. Entonces pueden enseñar a sus clientes uno o dos ejercicios simples de respiración y algunas técnicas de visualización y así su sanación puede mejorar.

Una de las cosas que aprendí de Master Lin y de Spring Forest Qigong es que es muy sencillo cambiar tu vida. En el Nivel Uno nos dice que todo lo que necesitamos saber está en ese curso. Es tan simple. He tomado todos los niveles que ofrece y descubrí que dijo la verdad en el Nivel Uno. Una práctica enfocada, coherente y simple puede tener el impacto más profundo en tu cuerpo, mente y espíritu.

DENISE DOUGLASS-WHITE

St. Croix Falls, Wisconsin

Curándome a mí misma, a mis hijos y a los demás

Entré a mi primera clase de Spring Forest Qigong. Mi amigo acababa de empezar una clase del Nivel Uno impartida por Master Lin y me invitó a tomarla también. No sabía nada de Qigong. Pensé que era una especie de programa de ejercicios chinos que me beneficiaría físicamente y que tal vez incluía un poco de meditación. Nunca había hecho ningún trabajo energético y no puedo decir que supiera que existía algo así, nunca había meditado tampoco.

Después de que empecé a tomar las clases y descubrí que Spring Forest Qigong tenía que ver con la curación, tanto con recibirla como con darla, hice un esfuerzo para mantener la mente abierta, pero mi formación cultural occidental y la lógica me anclaban firmemente al escepticismo. Apenas me di cuenta de que acababa de dar los primeros pasos en un viaje extraordinario que cambiaría mi vida.

Los cambios que han sucedido en mí no tienen que ver con un momento de epifanía dentro de mí, sino con una serie de eventos que me han forzado a abordar la forma en que defino, no solo mi salud y la salud de los demás, sino también la forma en que concibo al mundo. Compartiré con ustedes algunas de las situaciones que el universo ha colocado en mi camino.

Al tomar mi clase de Nivel Uno, jugué con la idea de que la curación de Spring Forest Qigong (SFQ) podría ser como un placebo de azúcar. Tal vez podría funcionar en los casos en que las personas no estaban "realmente" enfermas, pero que se habían convencido psicológicamente de que lo estaban. Ya que no estaban realmente enfermas en primer lugar, SFQ podría usarse exitosamente con ellas a medida que las personas dejaban de estar "convencidas", y por lo tanto imitaban una curación "real".

Durante varios años mi hijo se enfermaba periódicamente de bronquitis y pronto se convirtió en neumonía. Tenía un patrón muy predecible. Comenzaba a experimentar síntomas parecidos al resfriado y una ligera congestión, luego casi de inmediato se convertía en una gripe severa, la congestión masiva se iba hacia sus pulmones, la tos progresaba a nivel de bronquitis hasta que se volvió neumonía.

Una noche, antes de irme a mi clase de Qigong de Nivel Uno, mi hijo había comenzado con ese patrón. Se sentía muy mal; la congestión pesada había comenzado a irse hacia sus pulmones. Regresé de clase y mi hijo estaba dormido en su cama. Se le dificultaba respirar. Entré sin despertarlo y "equilibré su yin y yang" tal como lo había practicado en clase aquella noche. Luego me fui a dormir.

Cuando nos despertamos por la mañana me gritó desde las escaleras: "Mamá, ¡mis pulmones están totalmente limpios!" Y lo estaban. Me sorprendió y me encantó que mi hijo estuviera bien y decidí que SFQ no podía ser solo una idea de placebo, porque mi hijo no sabía lo que estaba haciendo en mi clase y no estaba despierto cuando trabajé con él. Realmente no pude explicar lo que acaba de ocurrir. Estaba contenta pero un poco intranquila.

Luché con la preocupación de que el Qigong pudiera conectarme con algo más grande de lo que podía entender o controlar, algo que podía ser bueno por un lado, pero malo por el otro. Me pregunté si el Qigong estaba conectado con mi idea de lo que es un culto. Me pregunté si era posible que Master Lin controlara mi mente o mi voluntad.

Durante varios años tuve problemas con el hígado. Los médicos no pudieron decirme exactamente qué estaba mal. Me hicieron varias pruebas. Los médicos sospechaban que era el síndrome de Gilbert. Dijeron que no había gran cosa que hacer para curarlo, pero revisaban mi hígado con regularidad para asegurarse de que los niveles no se elevaran aún más. Mis síntomas generalmente tenían que ver con la fatiga.

Un día estábamos practicando nuestros movimientos durante la clase de Nivel Dos. Master Lin trabajaba con la energía de todos sus alumnos durante ese tiempo. En esta ocasión, se colocó detrás de mí y comenzó a trabajar conmigo. De repente, sentí una especie de burbuja gigante de presión en el área del hígado, explotó y desapareció en mi espalda. Me sentí tan bien de no tener más presión allí, y ni siquiera me había dado cuenta que tenía presión allí hasta que desapareció. Créeme, fue muy real.

Poco tiempo después de esta clase, fui a hacerme los exámenes para el hígado que ya tenía programados y pensé que sabía los resultados. De hecho, una de las pruebas fue totalmente normal y la otra fue casi normal. El doctor no podía explicarlo. Yo estaba muy contenta. Aunque no me sorprendió, los hechos de lo que ocurrió no encajaban en mi comprensión del universo ni en mi sistema de creencias. Cuando vuelvo a pensar en ello, me asombra que algo tan milagroso hubiera sucedido, y que aún así no pudiera aceptarlo tal como era. Todavía no estaba lista.

Durante mi Clase de Nivel 3, un ser muy querido que vivía lejos de la ciudad tuvo un ataque cardiaco. Los médicos le diagnosticaron una de varias condiciones: un tumor, una embolia o una infección en el cerebro. Un día después de clase hablé al respecto con Master Lin. Él dijo que era un tumor cerebral. De hecho, dijo que habían dos tumores, e incluso me dibujó un diagrama de dónde se encontraba cada uno. Me quedé totalmente impresionada. La idea de que alguien pudiera detectar enfermedades a larga distancia era tan impresionante que realmente me asustó.

El amor que sentía por esta persona era tan grande que le pregunté Master Lin si podía trabajar con ella a larga distancia. Él estuvo de acuerdo y también me dio instrucciones sobre cómo podría ayudarla. Hablé por teléfono con mi ser querido. Le pregunté dónde decían los médicos que se encontraba el tumor. Ella describió exactamente los lugares que Master Lin había indicado. Hice lo que él dijo. Cuando le hicieron pruebas de seguimiento, los médicos ya no pudieron detectar nada malo en su cerebro.

Con el transcurso del tiempo, aprendí a confiar en la guía de este hombre tan amable y bueno. Lentamente me ayudó a aceptar. Sin embargo, cada vez que aceptaba algo, sucedía algo aún más asombroso.

Prácticamente sin ningún aviso, a mi madre le diagnosticaron Glioblastoma multiforme, un tumor cerebral canceroso en etapa 4 (el peor). Le pedí a Master Lin que trabajara con ella a larga distancia varias veces, pero él dejó claro que la ayuda que él podría proporcionar no la curaría de la enfermedad. El tumor estaba muy avanzado. Fue un momento difícil para mi familia. Aunque mi mamá estaba muy abierta al tratamiento de Qigong, otros miembros de la familia no lo estaban. Era difícil enfrentarse directamente con ellos y trabajar en la coyuntura de dos sistemas de creencias opuestos: aquello con lo que me habían criado y lo que estaba evolucionando en mí.

Cuando la vida de mi madre estaba llegando a su fin, nos encargamos de sus cuidados en casa. Su muerte en nuestro hogar no fue lo que yo esperaba. El final fue muy difícil. Durante horas se quedó sin aliento, completamente agotada, como un corredor de maratón al final de una carrera. Fue tortuoso ver cómo esa mujer tan extraordinariamente amable y maravillosa tenía que usar su fuerza humana para luchar en una batalla final.

Cuando fui testigo del proceso de su transición, quise ayudarla con Qigong, pero no estaba segura de si debía intervenir. Mis hermanos y hermanas estaban presentes en la habitación, por lo que no quería hacer los movimientos, pues me parecía algo invasivo. Decidí poner mi mano en su pecho y oré por ella en silencio. Casi de inmediato, su respiración empezó a aquietarse, su cuerpo se relajó y murió.

Mi sistema de creencias se estaba enredando como un alfiletero. Algo tenía que cambiar. Una y otra vez el universo me pidió que abriera mi mente. Comencé a abrirme a una nueva forma de pensar en cuanto a mi cuerpo, mi mente y espíritu.

Aprendí a meditar. Leí sobre temas de anatomía y fisiología. Aprendí a detectar bloqueos de energía en los cuerpos de las personas. Investigué sobre el Qigong. Comencé a respetar a mi propio cuerpo de una nueva manera: hice más ejercicio, mejoré mi alimentación, me liberé de sustancias nocivas, medité con regularidad e hice cambios en mi estilo de vida para reducir el estrés y aumentar el equilibrio que necesitaba en mi vida.

El otoño pasado, una amiga que es doula (que asiste los partos) me pidió que ayudara a una de sus clientas cuyo bebé venía sentado. Le pedí ayuda a otra amiga de Qigong y trabajamos a distancia con la mujer durante el fin de semana. Tanto mi amiga como yo teníamos la sensación de que el feto era una niña. El lunes por la mañana, la mujer embarazada fue al médico por un procedimiento para girar al bebé manualmente, pero descubrió que el bebé ya se había volteado.

La amiga de la doula me pidió ayuda con otra clienta cuyo bebé también venía sentado. De nuevo, mi amiga y yo trabajamos juntas con la mujer. Y de nuevo, el bebé se volteó. Una vez más, vimos el sexo del bebé, y esta vez era un niño. Los dos bebés nacieron. El primero fue una niña, y el segundo fue un niño, tal como lo detectamos.

Durante las fiestas decembrinas, mi familia y yo visitamos a mi cuñada que vivía en otra localidad. Ella sufría de migrañas desde hace varios años. Cuando llegamos le estaba dando una migraña muy fuerte. Tomó su medicamento por la mañana pero no le ayudó. Me ofrecí a darle terapia de Qigong. Ella aceptó. Después de que trabajé con ella su dolor de cabeza se quitó por completo. Ella estaba estupefacta. Yo sonreí.

Ahora estoy trabajando con un niño que tiene un defecto cardíaco congénito. En una meditación muy nítida y profunda vi una imagen clara de un suceso en una de sus vidas pasadas. Apenas había empezado a pensar en la posibilidad de vidas pasadas antes de que este mensaje se presentara ante mí. Me sobresalté, un poco impactada, pero acepté la visión.

Esta historia sigue en proceso pero estoy segura de que estoy en el camino correcto. Me siento más sana y fuerte que nunca. He crecido espiritualmente. Estoy agradecida por las relaciones llenas de amor que tengo con mi familia y amigos. No hay manera de pagar todo lo que he recibido de parte del Maestro Chunyi Lin. Él me abrió los ojos, la mente y el espíritu a la conectividad de la vida, al milagro de nuestras vidas y al potencial ilimitado que tenemos como seres humanos.

Ahora trabajo como voluntaria para la Asociación de Spring Forest Qigong. Escucho las historias de los demás y me conmueve constantemente la cantidad de personas a las que Chunyi Lin ha impactado de manera directa e indirecta, y que han mejorado en su salud y en sus vidas. En el corto lapso de tiempo que tengo de conocer a Chunyi Lin, unos cinco o seis años aproximadamente, Master Lin, modesto, sencillo, tranquilo, amable y de buen humor, por el hecho de traer Spring Forest Qigong a este país, no solo ha cambiado mi vida, sino también las vidas de cientos de sus alumnos. Su trabajo continúa extendiéndose por medio de sus alumnos y está impactando positivamente las vidas de miles de personas.

Después de cinco años de participar activamente en Spring Forest Qigong, puedo decir que tiene enormes beneficios. No he observado nada que sea malo. De hecho, me siento protegida del mal a través de mi relación con Spring Forest Qigong. Chunyi Lin no tiene malas intenciones y Spring Forest Qigong no tiene nada que ver con un culto.

Spring Forest Qigong me ha brindado la oportunidad de ir más allá de mi comprensión del mundo en el que vivo para explorar los alcances más elevados de mi potencial humano. Me considero una prueba de que cualquier persona promedio puede aprender SFQ sin importar lo lenta que sea para asimilar las lecciones que se presentan en su camino. Me siento privilegiada, bendecida y afortunada de haber llegado a esa primera clase de SFQ para aprender de Master Chunyi Lin.

TOM GOW

Two Harbors, Minnesota

Enfermedad de la médula ósea

Me diagnosticaron anemia aplásica y mielodisplasia en diciembre de 1998. Probé muchos tratamientos y mi médico me recomendó un trasplante de médula ósea. Buscamos varias opciones donde vivo, pero no encontré un donante adecuado. De los quinientos que presentaron el examen solo mi hermana y mi hermanastro eran mitad compatibles, pero eso representa tan solo un cuarenta por ciento de posibilidades de que el tratamiento fuera exitoso.

He sido cartero durante diecisiete años. Camino ocho kilómetros por día en mi ruta y, cuando me diagnosticaron por primera vez, no pude llevar a cabo la ruta durante seis meses. Cuando volví a trabajar, al llegar a casa, me sentía muy cansado y me acostaba en el sofá.

Un sábado de octubre de 1999 andaba por mi ruta y me encontré con un amigo llamado Tom Sullivan. Me preguntó si había encontrado un donante y le dije que no. Luego me contó sobre un hombre llamado Chunyi Lin que enseñaba un tipo de curación conocido como Spring Forest Qigong.

Tom ya había tomado los niveles 1 al 4.

Nunca había oído hablar de eso, así que me contó de qué se trataba, me dio el número de Chunyi y le llamé. Para la mente occidental no es fácil aceptar estas cosas porque si no se pueden ver, tocar o medir, no son reales. Pero yo estoy abierto a casi cualquier cosa y me dijeron que el Qigong tiene miles de años de antigüedad, por lo que pensé que tenía que haber algo especial en ello.

Hice una cita y fui a verlo. Fui a su casa, entré, le expliqué lo que estaba pasando y me senté mientras él hacía lo suyo. Luego, cuando me iba, justo cuando tenía la mano en la puerta, dijo: "Por cierto, Tom, tu espalda se sentirá mejor mañana".

No le había dicho nada sobre mi espalda. ¡Era el menor de mis problemas! Por supuesto mejoró y desde entonces no he tenido que ir al quiropráctico. Antes tenía que ir todo el tiempo. Hacía una pausa en mi ruta matutina. Iba a su consultorio a las 10 a.m. y mi espalda quedaba lista a las 12:30, así fue durante dos o tres años. Pero ya no, desde el primer tratamiento que me dio Chunyi. Y por supuesto ahora practico Spring Forest Qigong yo solo. De vez en cuando me duele un poco, pero hago mi Qigong y desaparece de inmediato.

Las dos primeras veces que fui a ver a Chunyi, aparte de que mejoró mi espalda, no noté gran diferencia. Pero la tercera vez que fui: ¡Wow! Sentí una tremenda explosión de energía. Me sentí muy bien.

Aquella noche llegué a casa. Después de conducir de ida y vuelta aproximadamente durante cinco horas y trabajar en el establo hasta las 11 de la noche, desde entonces tengo muchísima energía. Eso no habría sido posible antes. Mi oncólogo se sorprende de que todavía esté haciendo mi ruta. De hecho, mi oncólogo está tan impresionado que ha enviado pacientes a ver a Chunyi. Desde que hago Qigong ya no me tumbo en el sofá. Simplemente, ¡voy, voy y voy!

Tengo un horario bastante pesado. Soy un líder 4-H (programa de desarrollo de liderazgo comunitario en jóvenes, las 4 h's significan: Head - cabeza clara, Heart - corazón leal, Hands – manos servidoras, Health - salud vital) muy activo. Tengo a mi cargo a 34 "hijos" este año. Soy el presidente del club de silla de montar, soy oficial sindical en nuestro sindicato, soy delegado sindical y también miembro de la junta de la Feria del Condado. En invierno entreno baloncesto.

Tenemos dos hijos, de dieciséis y doce años respectivamente. Tenemos una granja de 13 a 14 hectáreas y tenemos cuatro caballos. Nos gustan los caballos; tanto caballos de carreras como eventos de juegos con caballos. Les doy a mis hijos 4-H lecciones gratuitas de equitación y los dejo montar mis caballos de competencia. Siempre hay mucho trabajo que hacer, además he estado haciendo algunas remodelaciones.

Pondré un nuevo baño en invierno. Así que mis días son largos. He tomado todos los niveles de Spring Forest Qigong. Trato de hacer por lo menos media hora al día de meditaciones o ejercicios. Con Qigong me he dado cuenta que puedo tener toda la energía necesaria para hacer todo lo que necesito.

Ahora también hago sanaciones y tengo una clientela bastante estable. No cobro nada y me va bastante bien. La gente vuelve a verme para sanar todo tipo de cosas: fibromialgia, accidentes cerebrovasculares, problemas en la espalda (eso es muy común), así como personas con mucho estrés. Podría decir que alrededor del 97% de los casos se sienten aliviados durante un período de tres días a tres meses. Incluso doy tratamientos a mis caballos antes de que salgan a correr y eso los ayuda a estar mejor.

Hace poco volví a ver a mi médico de la médula ósea y no podía creer lo bien que estoy. De hecho no puede creer que todavía sigo vivo. El noventa por ciento de los pacientes que tienen lo mismo que yo, es decir que tienen daño en el mismo cromosoma que yo, mueren durante el primer año. Mi médico de médula ósea nunca ha tenido un paciente que haya sobrevivido más de tres años, excepto yo. Han pasado más de cuatro años y todavía sigo fuerte.

Si me preguntaras en dónde estaría si no hubiera conocido a Spring Forest Qigong, probablemente no estaría aquí. Si estuviera aquí, probablemente no podría trabajar. No podría hacer todas las cosas que hago ahora, eso es seguro. Ese Qigong ha resultado ser lo perfecto y necesario.

El Qigong me ha permitido mantener una calidad de vida muy alta tanto física, mental y espiritualmente. Siempre espero ver a Chunyi. Él carga mis pilas como el "conejito energizador".

Para aquellos que tienen dudas, simplemente les aconsejo que lo intenten. No tienen nada que perder.

DARCIE GUSTINE GRIM

Stillwater, MN

Dolor crónico y debilitador

Fue el 30 de octubre de 1993 cuando finalmente hablé con un médico acerca de mi dolor de cabeza crónico. Empecé diciéndole a la enfermera que necesitaba ayuda. Tenía muchísimo dolor. Ella me pidió que documentara (que escribiera a qué hora y con qué periodicidad me daban) los dolores de cabeza y que me daría una cita dentro de dos semanas. Le expliqué que había estado documentando mis dolores de cabeza y que habían pasado de las duraciones habituales de siete a diez días a períodos de tiempo aún más prolongados. Había comenzado oficialmente a contar los días desde el 1 de octubre, por lo que el dolor de cabeza que estaba experimentando me había estado atormentando durante al menos treinta días consecutivos. La enfermera me comunicó con la doctora para hablar con ella. La vi dos días después.

Los dolores de cabeza eran muy comunes en mi familia, así que naturalmente pensé que simplemente formaban parte de la vida, en lugar de saber que mi cuerpo me estaba diciendo que había algo mal. Había tenido dolores de cabeza prolongados desde que tenía trece años. Recuerdo que se repetía un patrón de dolores de cabeza que duraban una semana y luego se me quitaban durante dos semanas cuando iba en segundo de secundaria. Los dolores aumentaron a diez días de dolor con un receso de una semana. Ya había hablado con los doctores, pero los dolores de cabeza se habían convertido en parte de mi historia y la historia de mi familia, así como un alto umbral de dolor. Y yo era ruda.

Claro que el tipo de dolor de cabeza que tenía fue diagnosticado como un dolor de cabeza por estrés, porque los músculos de mi cuello estaban tan tensos que parecían cuerdas de instrumentos. Los puñados de aspirina e ibuprofeno con los que me había auto medicado ya no me servían de nada.

Estuve ocho semanas en un proceso de bio-retroalimentación para documentar el hecho de que podía relajarme a pesar de que mi dolor de cabeza aumentaba. Pasé al menos seis meses en terapia física, lo que me dio una sensación de que -si me iba bien- el dolor disminuía unos treinta minutos después de cada sesión. Me dieron una botella con algo que literalmente podía congelar mi cuello para atenuar el dolor al hacer estiramientos. Desafortunadamente mi dolor de cabeza persistió.

El médico general me refirió con un neurólogo que me prescribió fisioterapia, así como varios medicamentos. Me tuve que inyectar la pierna con una de esas medicinas. No ayudó mucho y me aceleró el corazón. Recuerdo dolorosamente estar sentado en la sala para poder estar cerca de alguien que pudiera llamar al 911 en caso de que me diera un ataque al corazón. Mi corazón latía tan rápido y fuerte que estaba aterrorizada.

Finalmente, me recetaron una medicina muy adictiva y muy aterradora. Tomé la dosis máxima que podía tomar sin ningún alivio. Ya que no me ayudó en nada, fui a ver a mi neuróloga y me dijo que ya había recibido todo lo que el campo de la medicina tradicional occidental podía ofrecer. Dijo que podría seguir buscando un medicamento que enmascarara mi dolor, pero la causa de mis dolores de cabeza era desconocida. Sentía que ya nada podría ayudarme.

Afortunadamente me enojé a causa de ese diagnóstico fútil. Sabía que no podía vivir una vida llena de dolores tan insoportables. Ya había decidido exactamente lo qué haría si perdía la esperanza, pero hasta entonces, iba a buscar por todos los caminos posibles. Como la medicina occidental tradicional no podía ayudarme, busqué ayuda en otra parte. Comencé mi viaje en el campo de la salud alternativa.

Leí un libro de Deepak Chopra y llamé a un hombre -que encontré en una lista de referencias en la parte posterior de su libro- que trabajaba en St. Paul. También era quiropráctico. Miró mis radiografías y me dijo que mi dolor tenía una explicación perfecta. Practiqué algo de Maharishi Ayurveda y el quiropráctico de buen corazón me ajustó con mucha suavidad. Finalmente, después de recibir un ajuste quiropráctico, pude experimentar por primera vez un momento totalmente libre de dolor en el transcurso de un año completo. Después de los ajustes, me liberaba de dolores de cabeza durante el resto del día y, a veces, incluso en parte del día siguiente. Programaba dos citas a la semana.

Durante los siguientes meses, mis dolores de cabeza continuos fueron reemplazados por ataques diarios que duraban aproximadamente cinco horas. Sin embargo, el resto de mi cuerpo estaba muy débil, apenas y podía caminar. Parecía que toda la estructura de mi espina dorsal estaba en revuelta, al igual que todos los músculos alrededor de la columna vertebral. También empecé a recibir masajes dos veces a la semana. Tenía tanto dolor que cuando caminaba parecía una anciana arrastrándose.

Me costaba mucho trabajo llevar a mis alumnos hacia el comedor de la escuela o a otras clases. Cuando sostenía las tarjetas de matemáticas me temblaba la mano como si tuviera epilepsia. Me daba mucho miedo el dolor intenso que me atacaba todos los días a la una de la mañana y que era el inicio del siguiente maratón de dolores de cabeza. No tenía ninguna calidad de vida. Cada gramo de energía que tenía era para sobrellevar el dolor. Estaba completamente agotada. Finalmente, me vencí en diciembre de 1994 y tuve que solicitar la incapacidad en mi trabajo.

Fui al médico estatal y me recomendó que recibiera una compensación por desempleo. También me examinó un doctor ortopédico independiente y un quiropráctico que escribió un documento de cinco páginas en donde explicaba todos los impedimentos de mi cuerpo y me diagnosticó tendencias de fibromialgia. De hecho, una de mis citas con él fue en mi trigésimo cumpleaños. Tenía en un dolor inexplicable. Tuve que hacer muchísimos esfuerzos para soportarlo.

El área occipital de mi cabeza estaba inflamada. El médico sabía muy bien el tipo de dolor que yo estaba sintiendo. Se ofreció a tomar una aguja muy larga e inyectar un medicamento para adormecer el dolor desde la base de la columna hasta el cráneo. Se sorprendió mucho cuando rechacé esa propuesta que ofreció tres o cuatro veces.

Verás, esa no era la primera vez que experimenté un tipo de dolor intenso. Simplemente era la única vez que un médico me había visto en el momento exacto de las punzadas profundas. Había sobrellevado este tipo de dolor muchas, muchas veces yo sola sin ninguna ayuda. De cualquier manera, la recomendación del médico fue que me pusieran en asistencia estatal permanente por el resto de mi vida, porque vio la gravedad de mi condición y realmente no sabía qué otra cosa hacer para remediarlo. Yo tan solo tenía treinta años.

Estaba estancada, así que busqué más ayuda. Un querido amigo me recomendó a una quiropráctica de la técnica network llamada Carol Jillian. Verdaderamente ella fue una respuesta a mis oraciones. Verás, yo tenía una deuda de miles de dólares con miembros de mi familia porque mi seguro no cubría el masaje ni los ajustes quiroprácticos continuos.

La doctora Jillian cobraba una tarifa fija. Podía verla tantas veces a la semana como quisiera. Durante los primeros dos o tres años la vi cuatro veces por semana.

Volví a trabajar de tiempo completo el siguiente año escolar a pesar de la recomendación del médico ortopédico / quiropráctico. Los alumnos fueron muy compasivos conmigo y yo les di toda mi energía. En la noche sentía un dolor terrible y oraba todas las mañanas para poder librar el día. Fue por pura determinación y ayuda celestial que logré atravesar aquel período de mi vida.

Afortunadamente, mi cuerpo estaba respondiendo a esta nueva modalidad de curación ofrecida por la Dra. Jillian, y mi intenso dolor disminuyó con los años. Me dio estrategias y formas nuevas de vivir la vida y ayudarle a mi cuerpo a sanar, pero yo quería aún más. Le pregunté a la doctora Jillian si conocía a un hombre llamado Chunyi Lin que estaba ofreciendo clases de Qigong en Anoka-Ramsey. Ella lo elogió enormemente y me incitó a ir.

Yo ya estaba abierta a la curación china porque también había visto a un herbolario chino que me dijo que la historia de dolencias en mi vida tenía una explicación exacta para la filosofía de la medicina china. Sus palabras tenían sentido por todo lo que había pasado, y por aquello que con lo que tenía que lidiar todavía. No era un caso misterioso o una causa perdida, sino un caso bastante clásico para los ojos de la medicina china. Respondí bien a las hierbas medicinales y a las recomendaciones. Me libré de la cirugía de la vesícula biliar, y dejé de estar tan agotada todo el tiempo. Sin embargo, todavía tenía un gran problema cuando asistí a mi primera clase con Master Lin en agosto de 1997. En realidad había logrado muchos avances, algunos agotadores, para poder llegar allí con él. Me dio esperanza y yo sentía que la necesitaba desesperadamente. Me dolía el corazón... me dolía el alma. Quería una calidad de vida mejor. Cuando estaba en la secundaria, mis amigos me molestaban sobre el hecho de que sonreía todo el tiempo. Tenía una actitud fervorosa y positiva y me encantaba repartir abrazos por todas partes. Esta parte de mí había desaparecido por completo. Estaba tan golpeada por el dolor que se me dificultaba mirar a los ojos de las personas. Me sentí como si estuviera tratando de salir de un pozo muy profundo y oscuro.

Engullí con avidez todo lo que me enseñó Master Lin. Todo era nuevo para mí, pero la filosofía china de la vida tenía sentido. Podía aplicarla fácilmente a las experiencias de mi vida. Me sentí más fuerte y más feliz. Incluso pude lograr que desapareciera el terrible dolor que me despertaba en medio de la noche con uno de los ejercicios que aprendí en la clase de Nivel Uno. Escuché y practiqué la meditación del Universo Pequeño acostada en la cama porque no me podía sentar. Sentía que era una alumna pésima, pero logré mucho más de lo que me imaginaba en aquel momento. Ahora me doy cuenta de que mi energía renal estaba muy baja, así que concentrarme en la meditación del Universo Pequeño fue perfecto para mí.

Me inscribí de inmediato al Nivel Dos. En aquel entonces,

mi madre estaba lidiando con el cáncer de mama. Ella eligió someterse a una mastectomía doble, pero tenía mucho miedo porque aún no se había recuperado de una cirugía renal muy difícil. Le había donado un riñón a mi hermana, pero a mi madre no le fue bien. Tres años más tarde, todavía sentía muchísimo dolor. No sabía cómo manejarlo. Encima sentía el dolor de su próxima cirugía. Mi madre siempre había sido sana por lo que los últimos dos años habían sido muy difíciles para ella.

Estaba tan preocupada por mi madre que me vi obligada a curarla con Qigong. Trabajé con ella todas las noches una semana antes de la cirugía. En ese momento el dolor que normalmente sentía y había sentido en los últimos dos años había desaparecido por completo. Esto la consoló enormemente por lo que entró a la cirugía mucho más relajada. Trabajé con ella todos los días en el hospital y también le di curación a larga distancia cuando ella decidió quedarse con mi tía una semana después de que regresara a casa del hospital. Mi madre se convirtió en mi mejor aliada de Spring Forest Qigong. Pude poner en práctica lo que había aprendido sobre la curación a los demás y ver los resultados por mí misma. Realmente fue increíble.

Algunos miembros de mi familia pensaban que todo aquello era muy raro y me molestaban por las cosas de "vudú" que estaba haciendo. Yo solo sonreía. Sabía lo que sabía. Había atravesado el umbral y encontré un camino de sanación que cambió mi vida drásticamente. No tenía ninguna necesidad de "convertir" a mis hermanos a mi forma de pensar, y ya que mi madre compartía sus experiencias milagrosas, mi familia se abrió a posibilidades alternativas y yo continué aprendiendo nuevas cosas.

Uno de los primeros comentarios que recibí cuando sané a alguien más fue de mi sobrino Jacob. En aquel entonces tenía aproximadamente nueve años. Pasábamos el día juntos pero desafortunadamente a Jacob le comenzó a doler la cabeza. Tenía un poco de agua junto a él, así que le di un poco de energía al agua con un mensaje para aliviarlo de su dolor de cabeza. Le pedí que bebiera un poco de agua y luego cerró los ojos y se relajó. Mientras descansaba, me concentré en disolver los bloqueos de su cabeza. Estaba tratando de curarlo sin que él se diera cuenta de que estaba haciendo algo diferente. De pronto abrió los ojos, giró la cabeza hacia la izquierda y me miró fijamente. Dijo que ya no le dolía y me preguntó que qué había hecho para que el dolor desapareciera. Estaba comenzando mi entrenamiento con Spring Forest Qigong, así que me sorprendí tanto como mi sobrino. Sin embargo resultaba evidente que lo que estaba aprendiendo realmente funcionaba.

Después de eso, tuve la confianza, el deseo y la oportunidad de curar a mi madre como lo compartí anteriormente. Así que continué entrenándome y practicando Spring Forest Qigong. Estaba estudiando el concepto de cirugía psíquica cuando recibí una llamada de mi madre que me compartió entre lágrimas que acababa de enterarse de que a su único hermano le habían diagnosticado tumores en las glándulas suprarrenales. Nos preocupaba que los tumores fueran cancerígenos y que el cáncer se propagara por todo el cuerpo. La otra preocupación era que la cirugía era bastante precaria, porque si la glándula suprarrenal se cortaba, los químicos podían liberarse en el cuerpo y eso sería muy perjudicial para mi tío.

Los padres de mi madre habían muerto de cáncer, por lo que ella estaba muy preocupada por mi tío. Se asustó y sentía mucho dolor cuando me llamó. Sin embargo, yo reaccioné con tranquilidad y tuve una sensación de empoderamiento porque sabía exactamente cómo podía ayudar a mi tío. Entonces, le dije a mi mamá lo que haría y la alenté a que también hiciera su propia meditación de sanación por mi tío. Hice hincapié en que la meditación era mucho más poderosa que las lágrimas, explicándole que ella realmente ayudaría mucho más a su hermano si elegía este curso de acción en vez de llorar. Se calmó y me pidió que llamara a su hermana y le dijera lo mismo. Lo hice y después medité.

En mi meditación sanadora visualicé las glándulas de la suprarrenal de mi tío y encapsulé el tumor en una bola de piel para que los médicos que estaban haciendo la cirugía pudieran ver fácilmente que el tumor no se había extendido más allá de las glándulas suprarrenales. Luego le pedí al universo que colocara un poco de tejido graso entre el tumor y las glándulas suprarrenales para que la remoción del tumor fuera fácil. Mi tercera petición fue una curación espiritual para que mi tío tomara esta experiencia como un presagio y abandonara su trabajo en lugar de volver a una situación estresante. Cuando terminé mi meditación estaba completamente en paz y me sentía segura de que mi tío estaría absolutamente bien. Me fui de vacaciones. Cada vez que veía a mi tío en meditación, tenía la sensación de que él estaba bien.

Cuando regresé de las vacaciones, mi mamá me llamó para avisarme que mi tío estaba bien y que la cirugía había sido muy fácil, pero que había sido algo inusual. Cuando los médicos lo abrieron, se sorprendieron al encontrar los tumores en paquetes redondos hermosos con una especie de piel alrededor de ellos. Sin embargo lo más asombroso fue la porción de tejido graso que conectaba cada tumor con su glándula suprarrenal correspondiente, de modo que no hubo ninguna preocupación de dañar las glándulas de ninguna manera cuando se extrajeron los tumores.

Después mi mamá me dijo que mi tío había decidido tomar esa experiencia como un presagio y que quería retirarse de su trabajo un año antes. ¡Guauu! Todo lo que yo había pedido y visualizado en mi meditación de sanación llegó a buen término. Me quedé tan impresionada con esto que me tomó tres meses compartir esta historia con mis amigos; y nunca he hablado con mi tío acerca de eso. Nunca había trabajado con energía curativa antes de aprender Spring Forest Qigong, no me sentí como una especie de gurú o experto cuando se llevó a cabo esa curación, por lo que estoy segura de que cualquiera puede hacer este tipo de trabajo de curación si lo realizan desde un espacio de amor.

Realmente me gusta ayudar a la gente. He tenido varias

oportunidades de trabajar con los demás y he visto resultados maravillosos. He ayudado a varias personas con dolores de cabeza. Una de las personas con las que trabajé había sufrido dolores de cabeza durante diecisiete años. Después de dos cirugías agotadoras que se consideraron infructuosas trabajé con él durante un período de tiempo. Sus dolores de cabeza cesaron.

Sin embargo, otras curaciones que hice estaban más ligadas al espíritu del corazón. He visto cómo la gente cambia su manera de tomar la vida y viven con mayor facilidad y equilibrio. Esto también se aplica a mi propia vida.

Estudio Spring Forest Qigong desde 1997. Prácticamente no tengo dolor gracias a los ejercicios activos y a la meditación. Sé que Spring Forest Qigong funciona y he sido testigo de la curación de las otras personas con las que he trabajado. Estoy muy agradecida por lo que aprendí a través del dolor que experimenté. Pienso, siento y actúo de manera muy diferente a como lo hacía antes.

Ahora, cuando veo mi propio comportamiento y mis acciones, observo si reflejan el espíritu del amor, la bondad y el perdón de un sanador. No hace falta decir que mis acciones han cambiado notablemente tanto para aquellos que me rodean como para mí misma. Spring Forest Qigong me ha curado física, emocional y espiritualmente. Me gusta cómo soy y me siento mucho más en paz. La gente me dice que irradio un entusiasmo interior por Spring Forest Qigong y que se nota que estoy a gusto con la vida.

Es verdad. Mi alegría y mi sonrisa han vuelto.

MICHAEL HACKETT

Eden Prairie, MN

Depresión y equilibrio

Apenas encuentro palabras para hablar de Master Chunyi Lin. Es increíble. Es la única persona que he conocido que ama a los demás incondicionalmente y no juzga a nadie a su alrededor. Vive la felicidad y el contentamiento que me imagino que todos estamos buscando, estas cualidades están en su corazón y se reflejan en su rostro. Agradezco a Dios lo afortunado que soy de conocer a Master Lin.

Soy la última persona que me imaginé que estudiaría una práctica antigua china llamada Qigong. Pero gracias a Dios lo encontré. Si no fuera por ello no creo que hoy estaría aquí. Ciertamente, no tendría buena salud, no estaría en forma, ni sería feliz, si no fuera por Spring Forest Qigong.

Crecí en una granja lechera en Irlanda, era un buen católico irlandés, un alma temerosa de Dios. Mi padre me heredó una buena ética de trabajo; mi madre me heredó el creer en Dios y el cristianismo. Mi padre sufrió depresión durante muchos años y fue algo terrible para mí.

Ya era un hombre adulto y estaba casado cuando me di cuenta de que también sufría de depresión. Durante muchos años me sentí enfermo antes de estar dispuesto a reconocer que tenía un problema. Hace seis años comencé a buscar un tratamiento para la depresión y los ataques de pánico que sufría. Un médico me recetó un medicamento que fue muy bueno pero que realmente no resolvió mi problema. Mi matrimonio comenzó a fallar y empeoró la depresión.

He visto a muchos orientadores y terapeutas y, aunque lo encontré valioso, el verlos no resolvió mi problema y mi matrimonio terminó en divorcio.

Trabajo como arbolista y paso muchos de mis días trepando árboles para podarlos y darles forma. Hace un par de años me di cuenta que empecé a perder el equilibrio y muchas veces me aterrorizaba al escalar. No sabía qué hacer. Un día leí una revista y había una historia sobre Spring Forest Qigong que hablaba sobre el "equilibrio" o el "equilibrio de la vida". Entonces pensé: "si esto me ayuda con el equilibrio, voy a ir." Así que me inscribí en la clase de Spring Forest Qigong.

Cuando llegué, no era lo que esperaba. Por un lado, la mayoría de los alumnos eran mujeres lo que me hizo sentir bastante incómodo. Pensé: "caray, esto debe ser cosa de mujeres. Estoy en la clase equivocada." Pero tan pronto vi al Maestro Lin, en cuanto empezó a hablar, supe que había llegado al lugar correcto.

Estaba tan desesperado por encontrar respuestas, por encontrar el equilibrio, y no solo para trabajar en los árboles, sino porque quería tener una vida equilibrada. La verdad era que quería encontrar la felicidad. Quería saber de dónde viene la felicidad, y todo lo que dijo Master Lin me llegaba directamente al corazón. Cuando pensé en lo que dijo todo parecía lógico.

Cuando Master Lin enseña que el poder de Qigong proviene del amor y del perdón, y de enviar ese amor y perdón a uno mismo y a todos, simplemente era muy claro para mí. De eso se trata realmente la vida. Ahí es donde se puede encontrar la felicidad y la alegría. La felicidad y la alegría se reflejaban por completo en el rostro de Master Lin. Él es la prueba viviente.

Practicar las técnicas de Spring Forest Qigong que aprendí de Master Lin cambió mi vida por completo. La felicidad y la tranquilidad florecieron dentro de mí. Aún así nunca pensé que podría detectar bloqueos en el cuerpo de otra persona y ayudarlos a curarse a sí mismos. Pero seguí practicando y ahora está sucediendo. Puedo hacerlo. Y sé que tú también puedes. Te diré lo que se siente. Es como cuando cenas súper rico y luego llega el helado de vainilla de postre que sabe tan bien. Así es exactamente.

Ahora cuando hago los ejercicios o hago una meditación, entro en el vacío como lo enseña Master Lin y no lo fuerzo, solo espero y esa paz siempre llega. Es casi como si la mente se durmiera y el espíritu se despertara. Medito y el peso del mundo me abandona, y, cuando abro los ojos, solo siento felicidad y alegría. Y para mí es como una escalera hacia el cielo.

Si me preguntas dónde estaría sin Spring Forest, seguiría siendo el irlandés irónico que siempre había sido. Y probablemente ya habría pasado por al menos por un par de trabajos. Probablemente sería como lo era hace dos años, solo un adicto al trabajo que siempre culpaba a los demás por mis problemas, por mis errores. Creo que ahí es donde estaría si todavía estuviera vivo, porque estuve muy cerca de irme, de deshacerme de mí mismo. Sin Spring Forest Qigong estaría aquí, o tal vez no estaría aquí, pero seguro estaría en un infierno de problemas.

Había trabajado mucho en mí mismo antes de llegar a Spring Forest Qigong, pero Spring Forest Qigong fue la cereza del pastel. Es como tener una llave para abrir una puerta y dentro hay una, dos o tres herramientas que sacas y usas. Las usas y literalmente pueden conducirte por el camino de la felicidad. Pero son solo herramientas. Nadie puede usarlas por ti. Tienes que hacerlo tú mismo.

Sin lugar a dudas, sé en mi corazón que Spring Forest Qigong funcionará para cualquiera que haga el esfuerzo constante de practicar un poco de meditación Spring Forest Qigong. Es solo un pequeño ejercicio. Puede que no siempre tengas ganas de hacerlo, pero por favor, solo hazlo y recibirás mucho más de lo que imaginas.

HO JUN KIM

Houston, TX

Del alcoholismo a la iluminación

Yo no buscaba cambiar mi vida. Tampoco quería estudiar Qigong pero lo hice y eso cambió mi vida. Ni siquiera quería que mi vida cambiara, pero así fue.

Me gusta beber. Siempre me ha gustado beber. Me gusta beber cerveza, vino y licor fuerte. Comencé a beber cuando estaba en la secundaria. Desde entonces tomaba un par de tragos de licor todos los días antes de ir a la escuela. Me gusta mucho beber.

También me encanta la comida picante, cuanto más picante, mejor. Soy coreano, nací en Seúl y crecí en el sur de Texas, así que me encanta la comida picante. También me encanta la comida salada. A todo le pongo sal. Una vez tuve una novia que intentó que usara sal "ligera". Salí y compré sal verdadera. No podía comer esas tonterías sin sabor.

Me encantaba comer y me encantaba beber. Para mí no era raro reunirme con mi amigo Marshall y pasar el día cocinando en el asador y bebiendo. Hacíamos un asado como una falda de res y pechuga de pollo y algo más; empezábamos con un paquete de 12 cervezas heladas y luego salíamos por más cerveza. Comíamos y bebíamos todo el día y toda la noche. Eso era lo más normal para nosotros. Nunca pensé que tuviera un problema pero era alcohólico. Muchas veces me desmayé y no supe lo que sucedió. Nunca pasó nada malo, excepto que yo era alcohólico.

También tenía un mal genio, especialmente en la carretera. En Houston, el tráfico es terrible y la gente siempre se te está atravesando en la carretera. Sucede todos los días. Soy el tipo de persona que no se queda callado. Si alguien se atravesaba, los maldecía, los perseguía de cerca y me aseguraba de que lo supieran. Una vez, mi amigo Marshall me estaba siguiendo y vio que un tipo se me atravesó. Se detuvo frente a mí porque sabía cómo era y no quería que pasara nada.

Cuando empecé a hacer Qigong todo eso comenzó a cambiar. Yo no lo estaba buscando. Ni siquiera quería cambiar, pero así fue. Yo ni siquiera había planeado aprender Qigong.

Cursé dos licenciaturas en la universidad y tengo títulos en química y filosofía. Después de la universidad decidí que quería ingresar en el campo de la salud, pero sabía que no quería convertirme en un médico occidental.

Cuando era pequeño fui a ver a un herbolario/acupunturista que realmente me ayudó mucho con mi asma severo. Así que ya estaba familiarizado con ese tipo de cosas y decidí volver a la escuela para estudiar medicina oriental.

Uno de los cursos en la universidad requería que tomara Qigong. Comencé a tomar las clases y luego algunos amigos me contaron sobre el Maestro Chunyi Lin y Spring Forest

Qigong; así que decidí ir a Minneapolis para tomar una de sus clases.

Casi de inmediato -en unos pocos meses- las cosas empezaron a cambiar. Un día tomé nueve cervezas con el estómago vacío y un par de tragos de whisky mientras veía una película. Después de tres horas me enfermé. Para la gente normal todos dirían que eso no tiene nada de raro. Si bebes mucho con el estómago vacío te enfermas. Pero -para mí- eso no era normal.

Cuando mi amigo llamó a Marshall y le contó lo sucedido, Marshall dijo que algo andaba mal. "Seguro bebió más de lo que crees o algo está mal, porque Ho Jun puede beber mucho más que eso y nunca se enferma." Marshall ha sido mi amigo desde la secundaria -cuando bebía todos los días-, luego, en la universidad, pertenecía a fraternidades y ese tipo de cosas y bebía mucho más de lo que te imaginas.

Un par de meses después Marshall y yo fuimos a una fiesta del Super Bowl, me tomé como cinco cervezas, comimos y luego me enfermé. Ahí fue cuando él y yo supimos que algo estaba definitivamente muy mal.

Después de aquel incidente simplemente ya no podía beber. Me enfermaba si tomaba una sola cerveza. Realmente me gusta tomar vino con mi cena o un par de cervezas y ya no puedo hacerlo. Ese es el mayor cambio. Pero en realidad todo ha cambiado.

Ahora ya no puedo ponerle tanta sal a las cosas, ni puedo

comer comidas picantes, ni carne. Puedo comer un poco, pero ya no se me antojan esas cosas. Mi cuerpo no las acepta. Todas las verduras y las cosas que antes odiaba, déjame decirte, que saben muy bien y como muchos vegetales.

La forma en que reacciono a las cosas también ha cambiado. Con el tiempo todo ha cambiado. Mirando hacia atrás, me doy cuenta de que ha sido un proceso progresivo. Al principio, por ejemplo iría manejando, y, si alguien me insultaba, les diría un par de cosas, pero ya no haría tanto drama al respecto. A medida que pasaba el tiempo, si alguien me rebasaba, en lugar de gritarles, me decía: "bueno, tal vez no me vieron", aunque sabía que sí. Luego, se convirtió en "bueno, espero que no sufran un accidente". Y luego, en lugar de enojarme, les enviaba una bendición y me decía a mí mismo: "espero que lleguen a donde están yendo a salvo."

Así que con el tiempo, gracias al Qigong, pasé de estar totalmente furioso a mandarles buena energía, amor y perdón, deseándoles lo mejor. Ahora estoy mucho más tranquilo.

Esas son solo algunas de las cosas obvias que han sucedido y que comenzaron a suceder casi de inmediato. Han pasado más de dos años y toda mi personalidad ha cambiado. Toda mi vida ha cambiado.

Como dice Master Lin, pasé del alcoholismo a la iluminación. Y no me malinterpretes, no estoy diciendo que soy un iluminado, pero sé que ahora soy una mucho mejor persona. Y yo no estaba buscando esto.

No estaba buscando la iluminación. No buscaba cambiar mi carácter. No buscaba dejar de beber. No buscaba dejar de comer alimentos grasos. No buscaba nada de eso. Todo fue solo una especie de empujón que me dio el Qigong. Cuanto más Qigong hacía, más cambiaba.

Lo que ahora sé es que al hacer el Qigong, una vez que empiezas a hacerlo, naturalmente te conviertes en una mejor persona. Simplemente no puedes sanar a personas con Qigong si tienes un corazón malo o si piensas malos pensamientos. Simplemente no funciona. El Qigong no funcionará.

Debido a eso, a medida que comencé a hacer más y más Qigong, me convertí en una persona cada vez mejor. Simplemente llegó como un producto secundario. Ahora pienso que es genial. Me encanta. Creo que todos deberían hacer Qigong.

Es como dice el Maestro Chunyi Lin: el Nivel Uno de Spring Forest Qigong es algo así como la autoayuda; el Nivel Dos se trata de ayudar a los demás a sanar; El Nivel Tres se trata de la iluminación; y el Nivel Cuatro se trata de iluminar a los demás. Y eso lleva tiempo. Todo sucede con el tiempo, y con el tiempo simplemente hace clic y sigue haciendo clic.

Ahora tengo una mejor comprensión de cómo todos

somos especiales. Me doy cuenta de que soy especial y también lo son las demás personas, de que todos debemos ser tratados con el mismo amor y respeto. Es como el viejo dicho, la regla de oro, "Haz a los demás lo que quieres que te hagan a ti". Así es.

He incorporado el Qigong a la acupuntura, he usado únicamente el Spring Forest Qigong para ayudar a muchísima gente y funciona. He ayudado a personas con todo tipo de cosas. Ayudé a la mamá de mi amigo Marshall con la artritis. Funciona muy bien con todo, desde dolores y molestias simples hasta el síndrome del intestino irritable; bultos y todo tipo de cosas. Ha funcionado en prácticamente todos los casos que lo he usado.

El Qigong que aprendí en la escuela es muy parecido al Nivel Uno de Spring Forest Qigong, pero no va más allá. Por eso he seguido estudiando y seguiré estudiando con el maestro Chunyi Lin. Él está muy abierto y está dispuesto a compartir su conocimiento, y -según yo- eso es algo muy raro en este campo. La mayoría de las personas de Qigong que conozco quieren mantenerlo todo en secreto, pero él no es así. Todo lo contrario. Él quiere compartir lo que sabe y dice que todos pueden hacerlo, y es verdad. Espero que lo hagan. Creo que todo el mundo debería hacerlo.

COLLEAYN T. KLAIBOURNE

Red Wing,MN

Fuertes reacciones alérgicas

En 1991, una semana después de graduarme de la universidad, debido a una reacción alérgica a los alimentos, tuve una experiencia cercana a la muerte que cambió mi vida para siempre. Desde ese momento comenzó "un viaje" para tratar de mejorar y recuperar la salud.

Me mudé de Minnesota a Colorado para hacer una pasantía universitaria. Mis padres y yo pasamos nuestro último día juntos en las montañas en donde tuve la reacción alérgica severa. Estaba a una hora de distancia de cualquier ayuda, pero cuando llegamos a mi nuevo hogar, ya estaba recuperando la conciencia. Desde ese momento cambié. Antes de que esto sucediera, iba a empezar a estudiar planeación de diseño interior arquitectónico, pero, a la mañana siguiente, supe que tenía que dedicarme a las artes curativas y espirituales.

Esta experiencia hizo que mi conexión con el mundo espiritual fuera mucho más importante que nunca. Las palabras no pueden expresar lo que sentí durante el tiempo que estuve con los ángeles. En un momento estaba experimentando dolor y los efectos de una reacción alérgica y al siguiente minuto estaba en la Luz. Estaba en un lugar de amor total, incondicional y poderoso como nunca antes lo había sentido. Algo muy poderoso sucedió en mi espíritu.

Encontré una vida hermosa y radiante en esta Luz. Supe que solo hay amor y aceptación completa para todos.

He trabajado con mi ser interior durante once años y he aprendido diferentes enseñanzas de sabiduría antigua, técnicas de meditación y modalidades de curación, como Healing Touch, Reiki, Esencias florales, etc. Durante cuatro años asistí al Seminario Sancta Sophia como parte de lo que necesitaba en ese momento para continuar con mi camino.

A pesar de todo lo que estaba aprendiendo y practicando, tuve muchos altibajos en mi salud: me sentía mal, luego un poco mejor y volvía a recaer. Hace un par de años, toqué fondo en mi salud física y -ya que mis doctores tampoco tenían respuestas- comencé a orar para que llegara la persona adecuada que pudiera ayudarme. Dos semanas después conocí a Chunyi Lin y estoy muy agradecida por su presencia en mi vida.

Cuando comencé a aprender Spring Forest Qigong, supe que eso era lo que estaba buscando. A las pocas semanas de practicar Qigong dos veces al día, estaba viendo resultados positivos. Pasé de estar cinco años prácticamente en cama todo el tiempo, con 40 kilos de peso y con síntomas debilitantes, a recuperar la energía y algo de fuerza para moverme. Las demás personas no podían creer los cambios en mi progreso, y mi neurólogo de la Clínica Mayo me preguntó qué había estado haciendo últimamente para sentirme mejor. Este doctor no puede ayudar a la mayoría de sus pacientes a llegar al punto en que estoy ahora. Me emociona mucho mostrarle mi progreso a medida que supero más pruebas.

Uso Spring Forest Qigong con varios clientes. Las personas se sienten atraídas por mis propias experiencias y comentan que sienten la paz y la tranquilidad que emana de mi ser. Quieren hacer lo que sea que yo esté haciendo para ayudarme. Las personas vienen por diferentes motivos, algunos para reducir el estrés, para sentirse conectados con el Espíritu, para ayudarse en su lucha interna y para generar más salud y bienestar.

Algo increíble sucedió en el verano de 2001. Una mujer con la que ya había trabajado vino a verme porque se sentía muy estresada. No me dijo que su padre se estaba muriendo. Al estar trabajando con ella, detecté enormes bloqueos en sus pulmones que no eran normales para ella. Nunca había sentido algo tan grueso, pesado y denso. Eliminé los bloqueos a donde me guiaban, aunque pensé que no era nada normal. Generalmente no le digo a la gente con qué bloqueos trabajo, porque tomo en cuenta que Chunyi Lin nos dice que debemos reforzar y mantener una experiencia positiva para no crear ningún temor. Algo me impulsó a compartirle los bloqueos que detecté con ella. Le dije: "No sé si estás trabajando en un ambiente tóxico, con sustancias químicas o fumadores alrededor de ti, pero cuida lo que estás respirando porque se detectaron densos bloqueos en tus pulmones". Intuitivamente le comenté que sentía que también estaba trabajando con su padre a través de ella; entonces me dijo que su padre se estaba muriendo de enfisema y cáncer pulmonar complicado debido a la neumonía. Su padre vivía a siete horas de distancia y ella iba camino a verlo, porque no se esperaba que sobreviviera aquella noche. Ella sentía que necesitaba equilibrar su sistema antes de salir de la ciudad.

Unos días después, me llamó y me dijo: "¡No lo vas a creer!" Cuando llegó al hospital, su padre estaba consciente, riendo y contando chistes. Los médicos no podían descifrar cómo fue que su condición había cambiado tan drásticamente y lo dieron de alta. Sorpresivamente sobrevivió seis meses más.

Ella acudió a mí para ayudarla en un momento difícil; y fue como si una fuerza más alta que ella la hubiera llevado para ayudar a su padre. A mí me enseñó que ni siquiera necesitas saber qué está pasando con la persona y que los milagros pueden suceder a cualquier distancia. Simplemente usas las habilidades que conoces para ayudar a las personas con amor puro, bondad y perdón; y todo lo que se necesite trabajar en ellos sucederá. Es como dice Chunyi Lin, solo trabaja en los bloqueos y deja que el resultado suceda. Es un poder más grande que nosotros.

Solía pensar que Dios, los Ángeles y nuestros Maestros, estaban en algún lugar en las nubes, muy lejos. Ahora sé que están a solo un respiro. Cada vez que hago Qigong para mí o para otros, es mi momento de volver a conectar con la misma Luz y amor que sentí durante mi experiencia cercana a la muerte. Estoy feliz de compartir esta sensación de la Luz a través del Qigong y sé que cualquiera puede conectarse con la misma energía. El momento de tranquilidad durante la meditación Qigong es el momento de conectarnos con el Espíritu, con nuestros seres queridos y con nosotros mismos.

STACY LANGAGER
Rockford, MN

Enfermedad mamaria fibroquística, migrañas, alergias y ayudar a los demás

En 1999, Master Lin me pidió que diera mi testimonio de cómo el Qigong había cambiado mi vida. Mi historia se imprimió en un anuncio y se envió por correo a cientos de personas. Mi dirección se incluyó en el anuncio para aquellos que tuvieran dudas o preguntas.

La respuesta fue asombrosa. Recibí cartas y llamadas telefónicas de muchas personas de todo el país. Algunas de sus preguntas y problemas de salud incluyen:

- Un hombre de Chicago, IL, con artritis, problemas de visión y úlceras estomacales.
- Un hombre de Redondo Beach, California, que sufrió alergias durante mucho tiempo.
- Un hombre de Berwin, IL, con una próstata agrandada.

- Un hombre de Stockton, CA, con alergias y muchas lesiones deportivas antiguas.
- Una mujer de Lansing, MI, con múltiples tumores en los senos.
- Una mujer de Colorado que sentía curiosidad por saber cómo Qigong podría optimizar su vida saludable.
- Un hombre de Mineral Point, MO, que desea estudiar los efectos de Qigong en personas encarceladas, centros de detención juvenil e instalaciones psiquiátricas.
- Una mujer de Chetek, WI, con tiroides hiperactiva.
- Un hombre de Seattle, WA, con dolor severo de espalda, y su esposa con alergias crónicas.
- Un niño de Rockford, MN, con crup, hinchazón de las vías respiratorias debido a alergias, con una hermana que sufre mareos intensos.

Sé que por los menos diez de las personas mencionadas anteriormente recibieron ayuda a través del Qigong.

La mujer de Chetek, WI, es mi madre. Acudió a su médico en octubre de 2000. Necesitaba un examen físico y había estado luchando para bajar de peso.

Su médico le realizó una prueba de función tiroidea. Los

resultados no eran normales. Su tiroides no estaba funcionando correctamente. Los hallazgos del doctor fueron:

- T3 elevado a 204 ng / dl (rango normal 80 - 180)
- T4 elevado a 117 ng / dl (rango normal 0.71 a 1.85)
- TSH por debajo de lo normal a 0.03 (rango normal 0.3 a 5.0)

El diagnóstico del médico fue hipertiroidismo con toxicosis T3 límite. El informe del médico declaró que esto podría conducir a la enfermedad de Grave o a la tiroiditis de Hashimoto.

El médico de mi madre checó su tiroides nuevamente en noviembre de 2000. Su T3 aumentó aún más a 250 ng / dl. Esto asustó a mi mamá. Su doctor no le ofreció ninguna solución, solo radiación y medicamentos para controlar su tiroides. Ella necesitaría medicarse por el resto de su vida.

En diciembre de 2000, después de ir al retiro de Spring Forest Qigong Nivel 3, mi madre vino a verme, me contó sobre su problema de tiroides y dijo que definitivamente no quería pasar por la radiación otra vez. Me pidió que le diera un tratamiento de Qigong. Yo estaba muy feliz de que ella acudiera a mí en busca de ayuda.

Le di un tratamiento de Qigong. Durante algunos segundos durante el tratamiento se le dificultó respirar. Ella dijo que sintió como si algo hubiera dejado su cuerpo. Después del tratamiento se sintió diferente, muy relajada y como si su enfermedad hubiera desaparecido.

En mayo de 2001, mi madre regresó al doctor para que le hicieran otra prueba de función tiroidea. Sorprendentemente, ¡los resultados volvieron a la normalidad! Su T3: 163 ng / dl (el rango normal es de 80 a 180). Esto fue después de un tratamiento de Qigong, ¡solo uno!

Mi madre ahora practica Spring Forest Qigong semanalmente. Dice que los efectos curativos y calmantes de Qigong son maravillosos.

Los dos niños de Rockford, MN son mis hijos. Mi hijo fue a dar a la sala de emergencias dos veces porque no podía respirar. Tenía alergias severas al polvo y al moho. Le pusieron esteroides para controlar la hinchazón en sus vías respiratorias. Los esteroides lo hicieron más susceptible a otras enfermedades. Perdió 30 días de jardín de infantes. ¡Era un pequeño niño enfermo!

Después de practicar Spring Forest Qigong, no ha vuelto a recaer en el crup durante tres años. Dice que Qigong lo hace sentir mejor por dentro, le facilita la respiración y lo tranquiliza. Ahora está sano. El año pasado solo perdió tres días de clases.

Mi hija luchó contra el mareo por más de un año. Intentamos todo lo que pudimos para ayudarla: medicación oral, bandas elásticas alrededor de las muñecas y parches detrás de las orejas. Nada le funcionaba.

Gracias al Qigong, no ha tenido mareos durante casi tres años. Ella sabe cómo eliminar el bloqueo en su frente que causa el mareo. Hacer Qigong hace que su frente y su estómago mejoren. Dice que puede sentir que el bloqueo abandona su cuerpo. Luego ya no se siente enferma.

Respecto a mi historia; ¡ya no tengo bultos en el pecho! ¡No más migrañas! ¡Estoy libre de alergias! ¡Estoy completamente sana y me siento increíble!

Cuando participé en el video testimonial en 1999 tenía cuatro meses de embarazo. Qigong me ayudó a calmar mis náuseas matutinas. Mi parto, desde la primera contracción hasta que tuve a mi bebé en mis brazos, fue de solo tres horas. ¡No necesité ningún medicamento para el dolor!

Vi al Maestro Lin cuando tenía cinco meses de embarazo. Le pregunté si podía decirme el sexo de mi bebé. Agitó su mano sobre mi vientre y dijo que sería un niño. ¡Estaba en lo correcto!

Mi esposo y yo hemos completado tres niveles de Spring Forest Qigong. Practicamos Qigong diariamente como familia junto con los niños. Qigong es un viaje en el que sanas física, emocional y espiritualmente. ¡El poder del Qigong es asombroso!

LOUISE LUDFORD

Minneapolis, MN

Desactivación del pánico, ataques de ansiedad

En octubre de 1986, estaba trabajando en una escuela, cuando de repente dejé de respirar y mi corazón comenzó a acelerarse. Estaba mareada, sudando y mi cuerpo temblaba sin control. Pensé que me estaba muriendo.

Un alumno me llevó a la enfermería y desde allí fui trasladada en ambulancia al hospital. El diagnóstico fue de ataque de pánico pero los síntomas empeoraron.

De pronto comencé a tartamudear, me dieron migrañas y el lado izquierdo de mi cuerpo se entumeció. Se me dificultaba caminar ya que perdí contacto con el suelo bajo mis pies. El miedo y el terror se apoderaron de mi mente y de mi cuerpo. Perdí toda confianza en mí misma y en el mundo que me rodea. Durante los siguientes once años, los ataques de pánico y ansiedad se apoderaron de mi vida.

Pensaba que los doctores habían hecho un mal diagnóstico de mi enfermedad. Pensé que mi corazón tenía algún problema, pero todas las pruebas indicaban que mi corazón estaba funcionando bien. Mi corazón como órgano físico funcionaba perfectamente. Sin embargo, mi corazón como órgano de alma espiritual estaba debilitado. Las fuerzas que nutren al corazón: el amor, la esperanza, la alegría, la fe y la valentía no le estaban brindando calor ni vitalidad a mi cuerpo. Mi corazón, mi sol, se había eclipsado por el miedo. Necesitaba mucha ayuda.

Aproximadamente siete años después de mi primer ataque de pánico, me enteré de la práctica y la enseñanza de la meditación Qigong en China. De inmediato supe que quería aprender esta técnica. Sin embargo, ya que me encontraba en estado de pánico y ansiedad las veinticuatro horas del día, no me sería posible viajar a China. Sentía una especie de urgencia por meditar. En mi corazón y en mi mente, sabía que por ahí había un maestro que me ayudaría y me enseñaría a meditar, pero no tenía idea de quién era, ni tampoco sabía cómo encontrarlo.

Poco tiempo después, mis padres me mostraron un artículo de un periódico que hablaba a un hombre que estaba enseñando Qigong en las Twin Cities. Cuando vi la fotografía del instructor y sus alumnos mi mirada se sintió atraída por el maestro. Recuerdo que pensé: "Ah, ahí estás, pero no te pareces a lo que pensaba". Leí el artículo, pero otra vez el hombre que estaba frente a los alumnos atrajo mi mirada. Me quedé observando fijamente la foto del periódico. Al cabo de un rato, me pregunté por qué seguía allí de pie observándolo. Entonces, la tristeza se apoderó de mí, porque quería estudiar Qigong, pero no tenía fuerzas para ir a una clase.

En agosto de 1997, me dio un ataque de pánico sentada en el sofá de la sala de mis padres. Estaba cambiando los canales del cable en la televisión y alcancé a ver los últimos dos minutos de un programa de cable comunitario. Estaban entrevistando a Chunyi Lin. Cuando lo vi, literalmente salté del sofá con alegría y exclamé: "¡Ahí estás! ¡Tú eres mi maestro y me vas a enseñar todo lo que necesito saber!"

El entrevistador le hizo la última pregunta: "¿Puede darle a nuestros televidentes algo que puedan practicar en casa?" Master Lin mostró los movimientos de la mano y la respiración de los Siete Pasos de la Nueva Vida. Los hice con él y tuvieron un efecto inmediato en mí. El programa terminó. Rápidamente anoté el número de teléfono, solicité un catálogo y me inscribí en los niveles 1, 2 y 3 y en dos clases de Tai Chi.

El Nivel Uno comenzó en octubre en el Colegio Comunitario Anoka-Ramsey. Estaba bastante lejos de mi casa, pero tenía la determinación de asistir a las clases. Llegué a la universidad pero el estacionamiento estaba lleno. No tuve fuerzas para caminar desde el estacionamiento, regresé al edificio, me estacioné en un lugar prohibido y fui a la clase. Me sentí tan mareada y débil que pensé que tendría que irme gateando pero lo logré. El único asiento disponible estaba en el centro delantero. Todo lo que pude decir en ese momento fue: "Que empiecen las curaciones".

Mientras estaba sentada en la sesión, noté que cada vez que Master Lin estaba frente a mí, me sentía fuerte, y podía sentarme en posición vertical pero cuando caminaba hacia el otro lado de la habitación, me sentía débil, enferma y sin energía. Bueno, caminó de un lado a otro, parado frente a mí dando la clase. Luego se movió al otro lado antes de darme cuenta de que me sentía más fuerte y más saludable cuando él estaba frente a mí. Luego se alejó de nuevo, y cuando sentí que mi cuerpo caía sobre la mesa, en mi mente, le pregunté: "Por favor, ven y párate a mi lado". No, mi petición mental no fue tan cortés. Fue más bien como: "Oh por Dios, ¡ven aquí!" Y así fue. Se paró frente a mí por el resto de la clase, sonriéndome y viéndome directamente al corazón.

Esa noche me di cuenta de que había encontrado algo muy especial, una forma de meditación y un maestro que abre su corazón a sus alumnos. Es como un padrino que cuida el alma de uno y honra la libertad individual de cada alumno para recorrer su propio camino de meditación y descubrimiento. Su estilo de enseñanza es suave, la fuente de su enseñanza es el amor.

Cuando me inscribí en Spring Forest Qigong, no tenía idea de que Master Lin era un sanador y que, además de enseñarnos cómo meditar, nos iba a enseñar cómo curarnos a nosotros mismos y cómo ayudar a otros a sanar. Dar y recibir es un ejemplo que fluye de la naturaleza. Se puede ver en el ciclo del agua a través de la evaporación y la precipitación, y en nuestra relación con el reino vegetal con el intercambio de dióxido de carbono y oxígeno. Verdaderamente estamos relacionados con todo lo que nos rodea. Master Lin nos enseña, mientras recibimos este amor universal, a acordarnos de devolver este amor al universo y a las personas, a través de buenas acciones, la bondad, el amor y el perdón.

He estado practicando Spring Forest Qigong desde esa primera clase. Las meditaciones han sido mi pan de cada día y la medicina que mi corazón necesitaba para sanar. Pensé que había estado viviendo en un eclipse total del corazón, pero tal vez había una corriente de luz que se negaba a ser eclipsada por el miedo. Si pudiera nombrar ese rayo de luz sería esperanza. La esperanza me dio la fuerza para buscar la medicina curativa que mi corazón necesitaba tan desesperadamente. La medicina es el amor. Todo lo conquista.

A través de la práctica de la meditación Spring Forest Qigong, el pánico y la ansiedad desaparecieron, y en su lugar siento que los rayos de amor, paz, esperanza y fe fluyen hacia afuera. A medida que el sol físico da rayos de luz, calor y vida a la Tierra, continuaré esforzándome por mantener abiertos los canales de mi corazón para servir y darle de regreso al universo los rayos curativos de amor, paz, esperanza y fe.

Master Lin, con profunda gratitud, gracias por tus enseñanzas, tus curaciones y tu amor.

ANGIE MEIERDING
Burnsville, MN

Curación a larga distancia

Nací y crecí en una granja cerca de Clements, MN. Siempre me ha interesado la curación alternativa y el lado espiritual de la vida. Mis amigos de Minneapolis nos contaron sobre un hombre chino que en el Colegio Anoka-Ramsey llevó a cabo algún tipo de curación china. Mi esposo Joseph y yo contactamos a la universidad y asistimos a una noche informativa que presentaba al Maestro Chunyi Lin y Qigong. Estábamos intrigados y decidimos registrarnos en las clases de Qigong. Nos estábamos preparando para mudarnos a Texas y queríamos completar el Nivel Uno y el Nivel Dos antes de la mudanza.

Las clases fueron muy interesantes. Mientras escuchaba lo que Master Lin tenía que decir, todo parecía lógico y razonable. ¿Por qué no íbamos a poder, como criaturas de Dios, usar la energía universal para sanar a los demás y a nosotros mismos? ¿Por qué no reconocer y utilizar la energía interna? Tenía sentido lógico y razonable para mí. Lo que Master Lin enseña tiene sentido para mí. Por eso es verdad para mí.

Mi esposo y yo intentamos ser muy proactivos con nuestra salud. Hacemos ejercicio y tomamos suplementos nutricionales. Inicialmente, mi enfoque proactivo de la salud se debía a que tenía algunos problemas con la medicina occidental. Soy terriblemente alérgica a los antibióticos y a la mayoría de los medicamentos. Hace algunos años, tuve lo que se denominaba una operación simple para eliminar algunas venas de mis piernas. Se suponía que me iban a operar y que ese mismo día podría salir. Pero fui de la sala de operaciones directamente a la unidad coronaria. Mi esposo pensó que me iba a perder. Y todo fue porque era alérgica a la anestesia. Los antibióticos y las medicinas para el dolor tuvieron reacciones negativas en mi sistema; además estaba tomando medicamentos adicionales para contrarrestar los efectos secundarios negativos de la primera ronda de medicinas. Tardé varias semanas en recuperarme.

Este tipo de experiencias y muchas otras a lo largo de mi vida me han llevado a preguntarme, ¿qué puedo hacer para evitar meterme en problemas nuevamente? Simplemente supe en el fondo de mi ser que lo que Master Lin decía era verdad, y que Spring Forest Qigong funcionaría para mí. Terminamos las clases y nos mudamos a Texas en el otoño de 1998.

Tuve un incidente con una araña en Texas y experimenté la curación de Qigong a larga distancia. El espacio de trabajo en mi nueva oficina no se había utilizado durante algún tiempo. Tenía papeles viejos apilados en el piso y necesitaba limpiar el área antes de que pudiera sentirme cómoda trabajando.

Me senté en el suelo y estaba revisando un montón de folletos apilados bajo un escritorio. Cuando llegué al final de la pila, una araña pequeña del tamaño de una garrapata de madera pero con patas largas y de aspecto extraño (como ruedas extra grandes de un camión) vino directamente hacia mí, muy rápido, como una araña de carreras, iba a toda velocidad hacia mis rodillas y -sin pensarlo- la golpeé con la mano derecha. Se "murió" alrededor de las cuatro de la tarde. Mientras conducía a casa, noté que tenía un bulto en el dedo medio del tamaño de un chícharo. Me dolía y se sentía duro. Pensé que la pequeña araña me había picado.

Llegué a casa y le conté a Joseph lo que había pasado y le expliqué que mi dedo y mi mano se sentían un poco raros. En la mañana mi mano estaba hinchada y Joseph dijo que debería llamar al médico. Pero no quería hacerlo debido a mi experiencia pasada con los medicamentos occidentales. No quería arriesgarme a empeorar el incidente. Después de todo sólo era una araña pequeña. Pensé que se hincharía como una picadura de abeja y que estaría bien en uno o dos días.

Cuando llegué a casa del trabajo esa noche, la hinchazón y la rigidez se fueron hacia mi codo y debajo del brazo. Joseph me dijo que estaba empezando a actuar un poco desorientada. Llamó al Maestro Lin y me pasó el teléfono. Le dije al Maestro Lin que una pequeña araña negra me había picado. Master Lin dijo: "No, era una araña marrón". Y luego me di cuenta de que tenía razón. Era una araña marrón. Poco después de un año supe que se la conoce como una araña reclusa parda y es muy venenosa. Sus lugares favoritos para esconderse son debajo y detrás de pilas de cajas y de basura abandonada.

Master Lin me dijo que iba a tener que tomar la medicina occidental junto con el Qigong, porque el veneno se había extendido y la araña marrón es extremadamente venenosa. Dije que no. Tenía confianza en el Qigong y estaba más preocupada por cómo me afectarían las medicinas occidentales.

Master Lin me indicó llenar un vaso de agua y colocar mi mano sobre el vaso. Luego, debía beber un poco de agua y volver a colocar mi mano sobre el vaso. Master Lin me envió energía sanadora de Qigong a larga distancia. Después de la sanación, seguí las instrucciones de Master Lin y me senté en silencio durante 15 minutos. A continuación hice la meditación del Universo Pequeño. Me fui a acostar. Cuando me levanté por la mañana la hinchazón debajo de mi brazo había disminuido. La hinchazón comenzó en mi dedo y terminó en mi codo. Me sentía muy agradecida por la curación y me dio gusto haber tomado el curso de acción correcto.

Fui a trabajar ese día y -como Master Lin me había pedido que lo llamara de nuevo- lo llamé en la noche. Pasamos por la misma rutina que la noche anterior. Seguí con la meditación del Universo Pequeño sentándome tranquilamente durante 15 minutos. En la mañana la hinchazón solo estaba en mi mano y en mis dedos.

Llamé al Maestro Lin la tercera noche y recibí mi tercera sanación a larga distancia. Master Lin dijo que tomaría unos diez días o menos para que sanara por completo. Y tenía razón. A la mañana siguiente la hinchazón era un bulto del tamaño de un chícharo en mi dedo que desapareció aproximadamente entre diez y catorce días después.

Aproximadamente un año después, estaba hablando con una mujer de Texas que es BSRN (Enfermera registrada) que enseña en una de las escuelas de enfermería. Platicábamos sobre medicina alternativa, sobre cómo el plan de estudios en su escuela ha cambiado a lo largo de los años y ahora incluyen clases sobre conceptos alternativos. Le conté sobre la picadura de la araña. Fue entonces cuando descubrí que lo más probable era que me había mordido una araña reclusa parda. Me comentó sobre varios incidentes de estudiantes que vienen del norte y no están conscientes de las arañas venenosas. Ellos tampoco se imaginaron que fuera grave y pensaron que pasaría en uno o dos días. Las dos personas de las que me habló terminaron en el hospital a punto de morir.

Estoy agradecida con Master Lin por enviarme la curación de Qigong por teléfono y también por haber podido asistir a clases de Qigong.

He tenido otras experiencias curativas con Master Lin y Spring Forest Qigong. La más reciente fue en marzo de 2001. Habíamos regresado a Minnesota y fue el último día de una gran tormenta de hielo. Entré a la oficina temprano y tuve que rodear por un lado del edificio para entrar. Me resbalé en el hielo, mis piernas salieron volando y caí de golpe sobre mi codo. Fui a casa con un cabestrillo y me dijeron que no manejara durante seis semanas. Como me dedico a las ventas y hago todo en mi carro tenía que hacer algo rápido.

Al día siguiente fuimos a ver al Maestro Lin, con mi brazo en el cabestrillo y cojeando debido a los golpes y moretones que tenía en todo el cuerpo. No podía rotar ni levantar mi brazo. Master Lin me trató con Qigong. Cuando terminó me dijo: "quítate el cabestrillo". Así que me quité el cabestrillo dijo: "Rota tu brazo" y dije: "Ooo-kay." Estaba impresionada. Podría rotar y levantar mi brazo. Master Lin eliminó los bloqueos de la lesión y al día siguiente estaba usando mi brazo sin ningún dolor.

Simplemente es asombroso y maravilloso cómo Master Lin usa Spring Forest Qigong. Podría reservar el conocimiento para sí mismo pero cree en compartir y enseñar a otros a hacer lo que él hace. Master Lin comparte su regalo con cualquiera que solicite la curación y que esté abierto a explorar nuevas formas de pensar. Para mí, Spring Forest Qigong es el mejor regalo que he recibido. Creo que Spring Forest Qigong y Master Lin me salvaron de mucho dolor y sufrimiento y posiblemente me salvaron la vida. Teniendo Spring Forest Qigong en mi botiquín y Master Lin como mi maestro, estoy preparada para disfrutar mi vida al máximo.

CRES SCHRAMM

Ramsey, MN

La experiencia de un escéptico

Tomé los Niveles 1 al 4 de Master Lin de Spring Forest Qigong en el Colegio Comunitario Anoka-Ramsey. En junio de 2001 comencé el Nivel Uno, y completé el Nivel 4 en febrero de 2002. La razón por la que tomé Spring Forest Qigong es porque conozco a muchas personas que tienen dolor o que tienen enfermedades y quería poder ayudarlos en lugar de sentirme indefenso. He tenido muchas experiencias positivas desde la primera clase de Spring Forest Qigong, pero honestamente puedo decirles que la forma en que llegué a esta clase y la forma en que creí en Qigong es otra historia.

Mi suegra Bernice había estado yendo con un tipo de curandero, posiblemente de Reiki, por mucho tiempo. Nuestra familia creía que se trataba de un montón de charlatanería pero ella siguió yendo de todos modos, afirmando que se sentía mejor después de cada tratamiento.

Bernice tuvo un derrame cerebral durante las vacaciones en diciembre de 1998. Hasta entonces ella vivía sola pero tuvo que celebrar su cumpleaños número 81 en febrero de 1999 en un asilo de ancianos, ya que después de casi tres meses de rehabilitación, supimos que ya no podía vivir sola. Había perdido movimiento en el lado derecho del cuerpo. Bernice vino a vivir a nuestra casa con mi esposo, mis hijos y yo en marzo de 1999. Pasé muchas horas llevándola a terapia física y ocupacional, y al final del verano ya no estaba en su silla de ruedas y usaba un bastón y una andadera. Su dicción estaba mejorando pero nunca volvió a su patrón normal.

Incluso, por todo lo que había logrado y por todo lo que la alentábamos, Bernice nunca estuvo feliz ni aceptó lo que le había sucedido. Le dijimos que a algunos de sus compañeros no les estaba yendo tan bien como a ella, y que ni siquiera habían tenido un derrame cerebral. Aún así, ella nunca consideró que sus logros fueran suficientes para recuperar su antigua salud.

A lo largo de este período de tiempo, había un grupo de personas con las que había permanecido en contacto, personas a las que conoció a través del curandero al que acudió antes de su accidente cerebrovascular. En agosto de 2000, una de sus amigas la llamó para decirle que el sanador había muerto pero que conocía a otro sanador.

Mamá me pidió que tomara el teléfono y anotara el número. Viré los ojos hacia arriba con exasperación pero obedecí. El número era de Chunyi Lin en Andover. Después de colgar, pensé: "Sé quién es". Chunyi es amigo de Don Omundson, un compañero que va a nuestra parroquia. Chunyi ha estado en nuestra parroquia pero no sabía qué hacía estas cosas curativas.

Pensé para mis adentros: "Bueno, al menos conozco a alguien que lo conoce y puedo comprobarlo", y me sentí un poco menos aprensiva acerca de con quién podría estar tratando. Toda mi vida me habían advertido sobre charalatanes. Conozco a Don de nuestra parroquia bastante bien y sé que es un buen hombre, así que sentí que no nos íbamos a meter con un impostor. A través de Don descubrí que se llamaba Qigong.

Hice la cita con Chunyi para mediados de septiembre. Para entonces se había mudado a Chanhassen. Por supuesto eso estaba del otro lado del mundo para mí, ya que residimos en Ramsey cerca de Anoka.

Llegó el día y esperaba que lo que haríamos ayudaría, pero también me daba miedo conducir hasta Chanhassen cuidando a una anciana que apenas podía caminar.

Seis personas esperaban a Chunyi. Fue amable y educado con todos ellos. Sabía cómo debía ser la última esperanza para muchos de ellos. Incluso cuando hice la cita en agosto sabía que debía estar muy ocupado y que nos estaba aceptando por bondad.

Mientras él nos llevaba a Bernice y a mí a una sala de estar, me preguntó de qué se trataba, ya que nunca había visto algo así antes. Hablábamos un poco sobre lo que le pasó a Bernice, cuando comenzó a hacer un movimiento raro con los dedos. Desde mi punto de vista parecía una locura, entonces pensé: "esto no va a funcionar". Me dijo que si le hubiera llevado a Bernice poco después del ataque habría podido ayudarla más, pero ahora le llevaría unos tratamientos más. "Bueno -pensé- a $ 60 por tratamiento y casi 50 millas de ida, no creo que vaya a ser posible". Le agradecimos y nos fuimos. Camino a casa bromeé al respecto pensando: "Bueno, eso valió la pena. Ja, ja."

Le conté mi experiencia a mi amiga, Shelli Pittman. Y me dijo: "Sabes, Elizabeth, de nuestra parroquia, tomó una clase de eso. ¿Recuerdas cuando tuve el dolor en el área de mis dientes que era tan fuerte que tomé tres codeínas de Tylenol cada 3o4 horas? Había ido al doctor y al dentista y ninguno de los dos encontró nada malo. Bueno, después de la iglesia un domingo Elizabeth me llevó al Santuario y me dio un tratamiento que eliminó el dolor." "¿De verdad?", le pregunté. "Hmmmm", pensé.

El tiempo pasó y mamá -gracias a lo que podía articular- supe que nunca se sintió mejor. Pero cuando recibí el correo de ARCC (Colegio Comunitario de Anoka-Ramsey) en enero de 2001 para los cursos de primavera/verano de 2001 noté que se estaba ofreciendo Qigong. Tomé nota mental de la fecha y dejé de lado el catálogo de los cursos. Periódicamente me volvía a encontrar el folleto, tomaba otra nota mental de la clase de Qigong y lo tiraba por ahí. Al finalizar mayo lo encontré de nuevo debajo de un montón de revistas y comencé a pensar seriamente en ello.

Tenía un conflicto interno con respecto a la filosofía oriental en relación a las creencias cristianas. No quería participar en algo que comprometiera a mi fe cristiana; tampoco quería poner en peligro a mi espíritu al abrirme a algo que pudiera ser perjudicial para mi alma y mi ser.

Comencé a orar intensamente. De alguna manera se me presentaba este tema y me sentía atraída a practicarlo. En mi vida diaria escucho con fuerza la voz de mi ser, que creo, es el Espíritu Santo, por lo que no quería ignorar este nuevo pensamiento que persistía, pero tampoco quería sentirme atraída por otra cosa.

Llamé el viernes antes de que comenzara la clase y pregunté si había espacio para la inscripción. Sí había. No me inscribí. Le pedí a Dios que si me tocaba ir a esa clase, sucedería -y si no- que pusiera obstáculos que me impidieran ir si no era Su voluntad. Seguí orando.

El martes antes de la clase, pasé por ARCC. Pensé que al menos debería avisarle al instructor. ¿Todavía había espacio disponible? Sí. Me inscribí, creyendo que esto se detendría, si no debiera de ocurrir, como sucedió con otras cosas en mi vida. Obviamente, se suponía que debía estar allí, ya que asistí a los tres días de la conferencia para los niveles 1 y 2.

Cuando hablé con Chunyi en clase, me pregunté si se acordaba de mí. Estoy seguro de que podía percibir mi escepticismo cuando llevé a mi suegra por primera vez en septiembre. Cuando tomé sus clases, sentí una oleada de energía en mis manos y cuerpo, que pensé que no podría experimentar, y cuando nos atendió en la clase, sentí la energía sanadora que estaba usando para ayudarnos a cada uno de nosotros con nuestros problemas individuales. Ahora creo que había estado sintiendo estas sensaciones de hormigueo antes de conocer Qigong, pero pensé que mis pies se estaban "durmiendo", o por alguna otra razón extraña. También había mantenido a mi esposo bastante ocupado cambiando los focos en nuestra casa porque "estallaban" cuando encendía los interruptores o caminaba junto a ellos. Incluso le dije a mi esposo en broma que yo debía tener una personalidad electrizante.

Chunyi nos desafió a comenzar a utilizar nuestra técnica de inmediato. El sábado 2 de junio de 2001, en la noche posterior a mi primera clase en el Nivel Dos, le pregunté a mi hija si tenía algún problema. Sus rodillas la estaban molestando de nuevo. Tenía 16 años y bailaba desde que tenía 4. En aquel año fue la primera vez que no pudo bailar -y fue difícil para ella tomar esa decisión porque le encantaba-, pero decidió que era mejor dejarlo porque le dolían mucho las rodillas y estaba tomando un analgésico llamado Relefen.

Usé los Dedos de Espada y trabajé con sus rodillas. Ella sintió un alivio inmediato. Sus rodillas ya no le han molestado desde entonces, excepto cuando ayudamos a su tía con la mudanza y había mucho trabajo que hacer. A veces le duele un poco después de hacer algo extenuante pero no tiene nada que ver con lo que sentía antes de que le diera el tratamiento energético. Cuando le duele me pide que le de Qigong.

Una de las experiencias más impresionantes que me sucedieron fue el 11 de junio de 2001. Después de completar mi Nivel 3, una amiga mía, Shelli Pittman, trajo a su madre y hermana, que vinieron de visita a mi casa desde Carolina del Sur para que les pusiera un "cono de oreja", es decir una aditamento especial que ayuda a eliminar la acumulación de cera. Platicamos mientras hacía el tratamiento. Shelli mencionó que las caderas de su madre estaban muy doloridas todo el tiempo y que probablemente terminaría sometiéndose a una cirugía de cadera. Apenas y podía caminar por el dolor.

Mientras terminaba su tratamiento auditivo, hablamos de otras cosas. Ya estaban listas para irse, cuando en mi comedor, casualmente le pregunté a Yvonne si a su madre le gustaría que le diera un tratamiento de Qigong. Le dije que acababa de terminar el curso y que no estaba seguro de si le ayudaría. Ella estuvo de acuerdo.

Simplemente practiqué los Dedos de Espada básicos y no la puse en el Universo Pequeño. Abrí los bloqueos en sus caderas y comencé a eliminar la energía. Se quedó allí haciendo muecas y pensé: "Seguro piensa que estoy bromeando". Cuando terminé le dije: "Vas a regresar a Carolina del Sur y le contarás a tus amigos sobre la extraña amiga de Shelli que te pone conos en las orejas y hace Qigong". Todos nos reímos.

A la mañana siguiente, mi teléfono sonó a las 8:30 a.m. Era Shelli. Me preguntó si iba a estar por sus rumbos durante el día. Le dije que tenía algunos pendientes. "¿Por qué?", le pregunté. Me dijo que al salir de mi casa la noche anterior, su madre se subió a la mini-furgoneta sin ningún problema; se bajó del coche y sin inmutarse subió las escaleras hasta la casa de Shelli. Entonces ella le preguntó: "Mamá, ¿estás bien, sientes algo?" Yvonne dijo: "Estoy bien".

Shelli quería saber si ese día -antes de su vuelo de regreso a Carolina del Sur a la 1:30 p.m.- podía ir para que le diera otro tratamiento a su madre. Acepté estar allí a las 10:00 a.m. Cuando llegué, la hermana de Shelli dijo: "¿Sabes? En otras ocasiones he dormido en la misma habitación que mi madre y nunca ha dormido toda la noche. Le duele tanto que gime porque el dolor le quema las caderas. Anoche, ni siquiera se despertó y no hizo ningún sonido".

En ese instante, su madre subió doce escalones desde el sótano con gran vitalidad y dijo: "¡Allí está la mujer que me curó!" Me sentí avergonzada y sorprendida. Esta vez, la metí en el Universo Pequeño y trabajé con su columna vertebral, caderas y pies. Cuando terminé me dio las gracias y me dijo: "Me convertiste en una un creyente".

Shelli me explicó que su madre había hecho las muecas extrañas porque sentía que le estaban sacando algo de las caderas la noche anterior y -dijo- que se sentía muy raro. Desde aquel tratamiento del 11 de junio le seguí preguntando a Shelli sobre el dolor de su madre. Dice que no tiene dolor y que camina sin problema. En agosto, cuando Shelli fue a visitarla, su madre estaba bien y apenas sentía un poco de incomodidad. Le dije a Shelli que pronto aprendería a curar a larga distancia.

Le hice Qigong a mi esposo porque tiene reflujo y hernia hiatal, y aunque no lo admite, sus nauseas ya no son tan frecuentes. Una noche, había terminado de hacer mis ejercicios de Qigong después de que él se había ido a acostar -esto fue alrededor de las 12 de la noche- cuando sentí que tenía mucha energía. Decidí que le daría Qigong mientras dormía, porque es peor de escéptico que yo. Así que me deslicé silenciosamente en nuestra habitación. Me quedé allí en la oscuridad agitando mis brazos alrededor de él, abrí sus canales de energía y eliminé los bloqueos, mientras repetía mentalmente: "Los bloqueos se abren, el reflujo ácido ha desaparecido, está completamente sano"; y seguí trabajando para eliminar los bloqueos de todo su cuerpo.

Me imaginé cómo me veía en ese instante, preguntándome qué pensaría si despertara. Sin embargo siguió dormido y roncando durante todo este tiempo. Agité mis manos sobre él y dije: "Los bloqueos se abren, se acabaron los ronquidos, se han curado por completo". Justo en ese momento dejó de roncar. Ni siquiera un pequeño sonido. De hecho, estaba respirando con gran tranquilidad. Terminé, salí de la habitación y le dije a mi hija de 19 años que acababa de darle Qigong a papá y que dejó de roncar en el acto. Nos reímos, pero cuando me fui a acostar media hora más tarde, estaba preocupada, porque él respiraba muy quedito y tenía que asegurarme de que todavía estaba respirando. Lo estaba y continuó durmiendo plácidamente por el resto de la noche.

He practicado Qigong con mis mascotas. Recientemente nuestra beagle, Josie, tuvo signos de amigdalitis otra vez. Le pasa cada vez que come cosas que no debe. Decidí probar Qigong con ella antes de llevarla al veterinario. Sus síntomas desaparecieron a la mañana siguiente.

Antes de la Navidad de 2001, mi hija notó que su pez Beta no se veía bien. Cuando me lo mencionó, le dije que me encantaría darle Qigong. Ella decidió tenerlo en mente, pero unos días después, su pez estaba de lado. Llevó la pequeña pecera con el pez a la cocina y me pidió que le diera Qigong. Miré al pez y pensé: esto no va a funcionar... está a punto de morir. Puse todo el tanque en el Universo Pequeño y trabajé con él. Unos días después mi hija me agradeció por ayudarla a que mejorara su pez. Estuvo sano y vivió por siete meses más.

Lo mismo sucedió con el pez Oscar de mi sobrina. Era Navidad. Estaba en el piso de arriba visitando a mi hermana cuando una de mis sobrinas adolescentes subió las escaleras y me pidió que bajara. Me dijo que aparentemente Oscar había saltado de la pecera y que había estado en el piso fuera del agua por un tiempo. Lo habían regresado a la pecera pero se había hundido sin vida. Una vez más pensé: "Buena suerte, pez". Utilicé los Dedos de Espada para enviarle energía y eliminar los bloqueos. Se movió un poco. Terminé y subí las escaleras sacudiendo la cabeza. No hace falta decir que el pez sobrevivió y sigue vivo.

En enero de 2002 me caí y me torcí el tobillo. Dolía tanto que apenas podía manejar. Lo oí tronar cuando caí de lado y pensé que tal vez se me había roto. Cuando llegué a casa y mi esposo me llevó a urgencias, comencé a enviar energía a mi tobillo. Continué haciéndolo en la sala de espera mientras esperaba ver a un médico. El dolor disminuyó mientras esperaba.

Cuando vi al doctor, me dijo que era un esguince grave y me dio una abrazadera de tobillo de gel para que la usara durante seis semanas. Enfatizó mucho el uso de la abrazadera. Durante la primera semana, me dolía tanto el tobillo que maldecía cada vez que tenía que ponerme los tenis sobre la abrazadera, porque se me doblaba el tendón de Aquiles.

Un par de enfermeras que conozco dijeron que hubiera sido mejor que se rompiera. Seguí haciendo Qigong y al final de la segunda semana mi tobillo se sentía mucho mejor. Después de la tercera semana pude caminar sin cojear; solo usaba la abrazadera si iba a hacer un trabajo estresante, como subir y bajar escaleras mientras estaba tapizando las paredes o si caminaba en exceso.

Hasta ese momento, solo había experimentado el Qigong a través de las clases, haciendo mis propios ejercicios de Qigong para mi salud personal, o al hacer Qigong para ayudar a otras personas. Sabía que había estado más saludable que nunca. Normalmente, cada otoño, me da una infección a causa del frío y también me da sinusitis que dura un par de meses. Generalmente tomo antibióticos. El invierno pasado, hice mis ejercicios de Qigong y todos los síntomas que tuve, ya sea resfriado o gripe, desaparecieron en un día. Pero en realidad nadie me dio sanación de Qigong.

En junio de 2002 iba a hacerme una histerectomía y tenía mucho miedo de la inminente cirugía. Con excepción de una cirugía de corta estancia hace unos años, era la primera vez que iba a estar en el hospital desde que di a luz a mi hijo menor hacía diecisiete años. Esta iba a ser una cirugía mayor, y aunque confiaba en Dios para que me mantuviera a salvo, y sabía que había muchas personas estaban orando por mí, no podía evitar sentirme incómoda. Quería hacer lo que fuera para preparar mi cuerpo para la cirugía.

Continué con mis ejercicios de Qigong para eliminar

los bloqueos y tener una curación rápida de mi cirugía. Si bien sentí que yo podría eliminar muchos de mis bloqueos, no quise correr ningún riesgo. Quise llamar a la "artillería pesada", así que le pedí a Jim, el socio de Chunyi, que me diera una sanación de Qigong. Le dije a Jim que pensaba en él como "El Sr. Músculo Drano" (personaje de detergente de limpieza), y que sería capaz de deshacerse de cualquier cosa que yo no pudiera.

Jim me dio Qigong, me dijo dónde sentía los bloqueos y en qué aspectos estaba trabajando en mí. También me recordó que podría sentir dolor donde la energía estaba curando antes de sentirme mejor, y aunque soy una persona muy positiva, Jim me hizo sentir tranquila con mi cirugía al darme algunos consejos sobre cómo aquietar cualquier pensamiento inquietante sobre los resultados de la operación. Al día siguiente sentí como si un camión me hubiera pasado por encima, y después el dolor que me había molestado en ciertas áreas -las áreas que Jim detectó- se fue por completo.

El día de la cirugía, viernes, había llegado, y entre mis artículos personales estaba un walkman y una cinta de "Concentración /el Universo Pequeño" de Chunyi. Pensé que aunque pudiera sentirme cansada, adolorida y sin humor para practicar, lo menos que podía hacer era escucharlo sin tener que hacer ningún esfuerzo.

Le había dado a mis hijas instrucciones estrictas para contactar a Chunyi o Jim si había alguna complicación durante la cirugía. Aunque realmente no esperaba nada, estaba consciente de que a veces suceden accidentes extraños. Mi cirugía, programada para las 12:30 p.m., fue una histerectomía total con reparación anterior-posterior.

Cuando terminó la cirugía y la recuperación, aproximadamente a las 4:00 p.m., me llevaron a mi habitación del hospital y me conectaron a una bomba NPCA (analgesia controlada por el paciente) que contenía morfina y que podía controlar presionando un botón. Esto me permitiría administrar morfina cuando sintiera malestar, pero no antes de cada quince minutos, para evitar una sobredosis.

Cuando las enfermeras me preguntaron qué tanto dolor sentía con un nivel del 1-10, 10 siendo un dolor extremo, mi nivel era de 4-5. Más tarde esa noche, todavía un poco aturdida, pero coherente, escuché mi cassette. A la mañana siguiente, las enfermeras comentaron lo bien que estaba y me preguntaron cuál era mi nivel de dolor. Les dije 3-4 y antes de las 9:00 a.m. reemplazaron mi bomba NPCA con ibuprofeno y me dieron Percocet cada 6 horas.

Cuando el pastor de nuestra parroquia vino a visitarme esa tarde, no podía creer que me hubieran hecho una cirugía mayor porque me veía muy bien. Yo también me sentía muy bien. Me había rizado el cabello, me había maquillado y había dado un par de paseos. Solo tenía un poco de molestia en la espalda, pero no sentía que me hubieran extraído el útero y me hubieran hecho una reparación reconstructiva. Esperaba estar muy adolorida. Cada vez que descansaba por la noche, oraba, daba gracias y luego escuchaba mi cassette.

El domingo, esperé para ver a la doctora. Había hecho un excelente trabajo y era muy cariñosa conmigo. Me dijo que podría irme a casa esa tarde. Mi nivel de dolor se redujo a 2-3. Estaba fuera del LV y solo recibí un Percocet por la mañana. Las enfermeras no podían creer lo bien que estaba y a las 3:00 p.m. ya estaba en casa. Mi esposo tenía una receta de Percocet, y me dijeron que tomara ibuprofeno después de que ya no necesitara a Percocet. Tomé dos Percocets el domingo y un Percocet el lunes, y cambié a ibuprofeno completamente, solo 3 días después de una cirugía mayor.

Esa semana, escuché una buena canción en la radio y comencé a bailar por la cocina. Me sobrepuse rápidamente. Se suponía que debía tomármelo con calma, sin aspirar, sin levantar más de 10 libras durante seis semanas. Me sentí tan bien que tuve que recordarme a mí misma no exagerar. No sentí que me hubieran sometido a una cirugía mayor, con excepción de algunos puntos incómodos y algo de cansancio, pero incluso tenía un buen nivel de energía.

¿Fue una recuperación típica? Tal vez... o tal vez no, pero creo que debo el éxito de mi cirugía y mi recuperación rápida libre de dolor a Dios por cuidarme, a todas las personas que oraron por mí y por el conocimiento y el poder de Qigong.

Creo firmemente en Dios, en mi fe cristiana y en el poder de la oración. He visto muchos milagros, y he visto curaciones maravillosas en la Iglesia Episcopal Trinity, pero nunca creí que tendría la oportunidad de ayudar en el proceso de curarme yo misma y a los demás con resultados tan positivos y rápidos.

Ofrezco mi ayuda a muchos, asegurándome de que estén conscientes de que es un poder superior que me utiliza como herramienta para ayudarlos en su curación. Les digo que tienen la capacidad de hacer eso por sí mismos y que puedo mostrarles algunos conceptos básicos. Todo lo que necesitan es ser cariñosos, amables, saber perdonar y tener confianza. No muchos están dispuestos a pedirme ayuda o mostrarles cómo ayudarse a sí mismos. Muchos se ríen como alguna vez lo hice yo.

Hay muchas cosas en este mundo que no podemos explicar. Soy escéptica de muchas cosas, y probablemente lo seguiré siendo. Pero sé que desde que tomé Spring Forest Qigong, no seré tan escéptica como antes. He alentado a los que están enfermos crónicos a que prueben Spring Forest Qigong para ayudarlos en su propio proceso de sanación.

Cuando recuerdo lo saludable que he estado me ayuda a seguir practicando Qigong. A veces no tengo ganas de hacer mis ejercicios. Sin embargo, es evidente que ahora siento que tengo un control real sobre la salud y la recuperación de mi cuerpo. Para mí es tan importante como alguien que intenta mantenerse en forma, por lo que debo seguir practicando para curarme a mí y a los demás más rápidamente.

Pero lo que realmente me mantiene haciendo ejercicio y esforzándome por convertirme en una mejor practicante de Qigong es la esperanza; la esperanza de poder ayudar a alguien que no se siente bien y tal vez aliviar su dolor. Para mí, sentirme impotente y no poder hacer nada es un sentimiento tan triste; pero al menos ahora sé que realmente puedo intentarlo.

SUE SIVULA

Maple Grove, Minnesota

Lesión cerebral

Estaba pasando por un momento emocionalmente difícil en mi vida, cuando las cosas empezaron a ir mal físicamente. Al voltear la cabeza mis ojos no me seguían. No podía enfocar la mirada así que no podía conducir. También tenía problemas para pasar los alimentos y me atragantaba.

Fui a ver a un par de médicos y me dijeron que la causa de mis dificultades era una hemorragia en la vena del tronco cerebral. Incluida la cirugía, consideraron una serie de opciones para corregir el problema.

Apenas un mes antes de que esto sucediera, mi prima Cindy, que trabajaba en el Colegio Comunitario Anoka Ramsey (ARCC), me había hablado de Chunyi Lin, que también trabajaba en ARCC. Ella dijo que estaba ayudando a la gente a sanar por medio del Qigong. Decidí hacer una cita para verlo y que trabajara energéticamente en mí.

Ya había hecho una cita para obtener una segunda opinión médica en la Clínica Mayo en Rochester, pero pude programar visitas con Chunyi de antemano. Fui a tres sesiones con Master Lin y mejoré después de cada una. Fui una vez más (incluso pude manejar para llegar) y él dijo que el bloqueo había desaparecido. Le dije: "Bueno, solo dame un tratamiento más para que me sienta bien cuando vaya a la clínica Mayo". Dijo que estaba bien.

Cuando fui a Mayo, mi visión volvió a la normalidad y me sentí mucho mejor. Los médicos hicieron pruebas para comprobar mis reflejos y quién sabe qué tanto más. La neurocirujana dijo que notó un pequeño detalle en mis ojos, el cual solo un neurocirujano como él podría notar. Todos mis síntomas desaparecieron. Ni siquiera me pidieron una segunda resonancia magnética.

De vuelta en casa fui a una cita de seguimiento con la neurocirujana. Ella había hecho una segunda resonancia magnética y esperaba obtener los resultados ese día. Cuando entró en la habitación, dijo: "Tuve que revisarla dos veces, porque vi su segunda resonancia magnética y no pude deducir por qué estaba usted aquí". Dijo que tenía que volver a la resonancia magnética original para ver en donde había estado el problema. Me pidió que volviera una vez al año para volver a hacerme la prueba y le dije: "Pero no necesito volver una vez al año. Me siento de maravilla." Ella dijo: "No, tienes razón. No necesitas volver".

La gente me pregunta cómo es esto posible. Creo que

se logra al mover la energía en tu cuerpo. Suceden muchas cosas en la vida: pequeños desafíos diarios o desafíos más grandes que causan estrés. Si uno no sabe cómo trabajar con ellos, estas tensiones hacen que la energía se atasque y cause síntomas de estrés o enfermedad. Si aprendes a mover tu energía tú mismo o a hacer que alguien mueva tu energía por ti, tu energía se vuelve a mover con libertad. Dejas ir las cosas que te causan molestias físicas o emocionales y las cosas simplemente mejoran. Sanas, no solo físicamente, sino también emocional y espiritualmente.

Para mí es esto algo enviado por Dios. La práctica de Qigong es algo de lo que todos pueden beneficiarse. Una vez que tienes una experiencia de Qigong, querrás que sea parte de su vida.

Chunyi Lin y Spring Forest Qigong han tenido un impacto increíble en mi vida. Me han otorgado una manera de vivir con mayor plenitud y felicidad.

Como dije antes, Spring Forest Qigong mejora tu vida física, emocional y espiritualmente. Te ayuda a comenzar a conocer quien realmente eres, a dejar de lado el enojo y el dolor del pasado y a permitir que brille tu verdadero ser. No tengo la menor duda, todos pueden beneficiarse de este maravilloso trabajo energético.

CHACONAS SPROLES

Aurora, IL

El descubrimiento de mi camino espiritual

He estado en búsqueda de mi camino espiritual durante toda mi vida. Estudié Reiki y fui estudiante de Reiki del segundo grado antes de descubrir Spring Forest Qigong. En los últimos años, descubrí mi camino espiritual que me hizo volver al cristianismo y me ha llevado a centrarme en curar y ayudar a otros. Ahora me estoy preparando para asistir a la escuela de enfermería.

La primera vez que supe de Spring Forest Qigong fue cuando a mi madre le diagnosticaron EM (Esclerosis múltiple) hace cuatro años. Uno de sus terapeutas me habló del Maestro Chunyi Lin y de la maravillosa técnica de curación que enseña.

Fui a la clase de Nivel Uno de Master Lin. Su enseñanza simplemente resonó con todo lo que creo, todo lo que soy y quiero ser. Fue muy esclarecedor para mí. Él enseña con tanto amor y cuidado. Fue tan claro y verdadero para mí que todos tenemos las capacidades de sanación dentro de nosotros y que Dios trabaja a través de nosotros.

Master Lin enseña claramente que él no es el único que tiene esta capacidad de curación. Él solo está tratando de despertarnos como individuos a lo que ya existe para nosotros. Algunos maestros se ponen en la ruta egoísta de que, "yo soy el único que puede hacer estas cosas maravillosas". No lo creo. Creo, como enseña Master Lin, que hay un poder superior detrás de esto y que todos somos parte de él.

Desde que empecé a estudiar Spring Forest Qigong ya no me enfermo. Simplemente no me enfermo. Solía sufrir infecciones crónicas de la vejiga e infecciones por hongos. Ya no me sucede. También solía deprimirme mucho y eso parece haber desaparecido. Físicamente, he estado muy bien, y emocional y mentalmente me he fortalecido desde entonces. En realidad, desde que comencé a estudiar con Master Lin, he crecido más que en toda mi vida.

En lugar de tratar de acudir a otra persona, cuando tengo algún problema, ahora voy hacia mi interior. Tengo dos hijos pequeños y uso Spring Forest Qigong para trabajar con ellos cuando se enferman.

Por ejemplo, el invierno pasado mi hijo de un año se enfermó de gripe. Después de dos días, quedó claro que se trataba de una cepa de gripe grave que no iba a pasar rápidamente ni a desarrollar su sistema inmunológico. Estaba empezando a empeorar. Fue una gripe realmente desagradable, con fiebre, vómitos y diarrea. Así que al tercer día, cuando vi que no mejoraba, usé Spring Forest Qigong para ayudar a sanar su cuerpo. Eso fue en la mañana. Por la noche ya se había recuperado por completo.

Mi hija de tres años nunca ha tenido gripe. Creo que se debe en gran parte a que ella me imita cuando practica los ejercicios activos para el Nivel Uno de Spring Forest Qigong. Los hace conmigo y no se enfermó el invierno pasado.

Ahora trabajo en mis dos hijos con técnicas de Spring Forest Qigong cuando se enferman. Ambos nacieron con alergias severas, especialmente mi niño pequeño, y las alergias ya casi han desaparecido. Cada vez que presenta algún síntoma, hago Qigong con él y se libera de inmediato. Mis dos hijos están muy sanos ahora.

Para mí, Spring Forest Qigong es muy sencillo y muy poderoso. Para mí, se trata de la luz dentro que hay en ti. Es muy claro que hay un poder superior que está dentro de todos nosotros, que nos rodea y está esperando que accedamos a él. Spring Forest Qigong te lleva directamente a él. Lo contiene todo: la meditación, el aspecto curativo, te aporta una sensación de paz y empoderamiento. Te hace sentir completo.

SHANNON SWEDBERG

Prior Lake, Minnesota

Un testimonio curativo de un sobreviviente de cáncer

Es un verdadero honor poder compartir mi historia personal sobre trabajar con el Maestro Chunyi Lin y mi experiencia con Spring Forest Qigong.

Creo que fui conducida hacia Master Lin y que esencialmente fue una respuesta a mis plegarias y a mi anhelo más profundo. En el otoño de 1998, estaba tomando algunas decisiones difíciles. Me acababan de informar que mi reciente biopsia era positiva y que mi cáncer de mama había reaparecido. Anteriormente me habían extraído dos bultos pequeños y seguí el curso de tratamiento estándar: lumpectomía y radiación. Tenía 34 años en el momento de mi diagnóstico original y a los 38 años me dijeron que -una vez más- tenía cáncer de mama.

El cáncer había sido uno de mis mejores maestros y había tomado muchas decisiones bien pensadas sobre cómo responsabilizarme de mi salud y mi curación. Sin embargo, al pensar en eso ahora, veo lo "ocupada" que había estado tratando de mantener mi salud. Estoy segura de que muchas personas que se enfrentan con un diagnóstico de cáncer caen en ese patrón. Intentas aprender todo lo que puedes sobre el cáncer, buscas terapias alternativas, vitaminas, suplementos, etc., y tratas de incorporarlo todo a tu vida. Había tomado la decisión firme de que había "terminado" con el cáncer y me decepcioné y desanimé cuando regresó.

La segunda vez, supe que tenía que abordar mi curación de manera diferente. Aprendí muchas cosas sobre la importancia de unir la mente, el cuerpo y el espíritu para sanar, pero no sé cuánto de eso había puesto en práctica realmente. Tenía mucho conocimiento mental, y esto era en realidad parte de mi problema. También tenía miedo, y no quería tomar ninguna decisión por miedo.

Así es como fui conducida al Maestro Chunyi Lin. Le expresé mi preocupación a un terapeuta que estaba viendo en ese momento. Ella me compartió sus propias experiencias trabajando con Master Lin y me habló de su sabiduría y dones para la curación. Me aseguró que podía confiar en él. Algo resonó profundo cuando me compartió su historia y yo tenía muchas ganas de conocer a Master Lin y de trabajar con él.

Nunca olvidaré mi primera sesión con Master Lin. Sentí reverencia en su presencia; y todavía la siento cada vez que lo veo. Él es un espíritu radiante. Tuve una experiencia poderosa cuando envió energía hacia mi cuerpo. Sentí una sensación cálida que me derritió por dentro cuando se abrieron los bloqueos y comenzó a fluir la energía vital. ¡Quería aprender más sobre Spring Forest Qigong! Master Lin también me pidió que le platicara sobre el miedo que sentía. Me dijo: "Hay conflictos en el mundo así como hay cáncer en el cuerpo, pero hay mucha más paz. Podemos pensar en el conflicto, pero, ¿por qué no pensar en la paz?" Sus palabras fueron hermosas y reconfortantes para mí.

Hacer los ejercicios de Qigong realmente me ha ayudado a volver a estar en contacto con todo mi ser y a cuidarme. ¿Podría ser que a veces olvidamos cómo respirar, cómo atraer la energía del universo, cómo comulgar con nuestro Creador y apreciar todo lo que nos rodea? Entiendo muy bien cómo se crean los bloqueos en el cuerpo, y veo cómo nuestra cultura fomenta la enfermedad, especialmente el cáncer. Estamos expuestos a muchas cosas en nuestro entorno. Nuestros estilos de vida a menudo están llenos de actividades y estrés. Si tenemos bloqueos físicos y emocionales la enfermedad se desarrolla.

La belleza de Spring Forest Qigong es la suavidad y facilidad con que puede incorporarse a tu vida. Al darte el tiempo para hacer los ejercicios hace que tu espíritu gane tiempo y que realmente integres la mente, el cuerpo y el espíritu necesarios para la curación. "Sencillo, pero profundo..." Una descripción perfecta para Spring Forest Qigong.

Tomé las clases de Nivel Uno y Dos con Master Lin y aprendí mucho. Él es un maestro maravilloso y sus experiencias de vida son muy conmovedoras. Sé que soy una persona diferente desde que comencé a practicar Spring Forest Qigong y conocí al Maestro Lin. Estoy más tranquila y más centrada. ¡Estoy más segura de mí misma y menos preocupada! Ciertamente me muevo por el mundo de manera diferente, más en paz, más con el flujo que contra él. Comparto mi comprensión del chi y su flujo con nuestros dos caballos y otras personas en la granja. Con frecuencia puedo sentir cuando necesitan algo de mi energía. ¡Siempre recibo más de lo que doy de mis encuentros!

Me he mantenido libre de cáncer durante los últimos 2 años y medio y continuaré practicando Spring Forest Qigong durante el resto de mi vida aquí en la tierra. Se ha convertido en una forma de meditación y oración, y confío en que está marcando una diferencia en mi vida. Me siento muy bendecida por haber recorrido el camino de la vida que afortunadamente me condujo al Maestro Lin.

ROBIN TROMBLEY

Coon Rapids, MN

Paz mental

When my oldest son was 14, in the beginning of his freshman year in high school, a classmate of his brought assorted fireworks to school. My son set off a smoke bomb and eventually was expelled from the entire school district.

Once he was expelled from school, he started running away from home. And basically, I was a basket case. I was delivering Meals on Wheels one day, listening to KFAI. On Tuesday's they have a program called "The Inner Journey." Chunyi Lin was a guest on the show and I found it fascinating listening to him speak. Even though I was delivering meals, I didn't want to leave the car. I wanted to stay and listen to his every word.

Cuando mi hijo mayor tenía catorce años, al iniciar su primer año de secundaria, un compañero de su clase trajo varios fuegos artificiales a la escuela. Mi hijo encendió una bomba de humo y finalmente lo expulsaron de todas las escuelas del distrito en el que vivíamos.

Una vez que lo expulsaron de la escuela empezó a escaparse de la casa. Y yo… básicamente perdí la cabeza. Un día estaba entregando comida a domicilio mientras escuchaba a KFAI. El martes tienen un programa llamado "El viaje interior". Invitaron a Chunyi Lin al programa y me pareció fascinante cuando lo escuché hablar. A pesar de que estaba entregando las comidas, no quería bajarme del auto. Quería quedarme ahí y escuchar cada una de sus palabras.

Chunyi mencionó que estaba dando clases en el colegio comunitario Anoka-Ramsey. Apunté el número de teléfono y pensé que era factible para mí ya que el Colegio está cerca de mi casa. Cuando llegué del trabajo a casa, había un artículo en el periódico sobre Qigong y también un correo que provenía de una HMO (Organización de mantenimiento de salud), y mencionaron el Qigong en ese artículo. Nunca antes había escuchado nada sobre Qigong y recibí tres mensajes en un día. Entonces, me dije: "Sé que soy un poco lenta; pero lo entiendo".

Me inscribí en la siguiente sesión del Nivel Uno. Al comenzar a practicar los ejercicios activos descubrí que, cuanto más practicaba, mi hijo menos se escapaba. Qigong me ayudó a no obsesionarme cuando se escapaba. Me dio cordura.

Qigong me ha permitido dejar ir. Me ayudó a dejar de lado el miedo, la ansiedad, la aprensión, el deseo de controlar, todas esas cosas.

Y también me ha ayudado en otras relaciones, especialmente en mis relaciones laborales. Trabajo con 460 voluntarios y 200 clientes, y hay mucha interacción con las personas. Muchas de estas personas tienen problemas de salud y otros problemas en sus vidas. Te encuentras con personas que están enojadas o son difíciles de tratar. Qigong me ha ayudado a trabajar bien con este tipo de personas.

A veces creo que al estar en contacto o al conversar con los demás, puedes ver un cambio en su comportamiento que refleja tu propio comportamiento. En concreto, se trata de ser proactivo en lugar de reactivo.

Antes me tensaba y me sentía muy incómoda. Solía tener dificultades para lidiar con los conflictos. Soy un procrastinador y Qigong también me ha ayudado con eso. Ya sabes, cuando pasan cosas, puedes lidiar con ello. No tiene que ser un gran problema. No tiene que ser un conflicto.

Creo que Spring Forest Qigong tuvo todo que ver con lo mencionado anteriormente, porque no se han producido otros cambios en mi vida.

Si no fuera por Spring Forest Qigong, no sé qué eventos habrían ocurrido en mi vida, pero no habrían sido buenos. Estoy segura de que habría sufrido algún tipo de enfermedad por todo el estrés.

Cuando pienso en Spring Forest Qigong, lo primero que viene a mi mente es la paz mental.

ESTHER TREJO

St. Paul, MN

Enfermedad pulmonar

Tengo lo que llaman protinosis viliar. Lo que sucede es que la proteína se acumula en los alveolos de aire en tus pulmones. Una vez que la proteína se acumula, es como la arena. Por supuesto, cuando tus bolsas de aire se llenan de arena, eso te causará muchos problemas, como no poder respirar y jadear.

Me diagnosticaron esta enfermedad hace 17 años y recibía oxígeno las 24 horas del día. A cualquier lugar al que iba estaba conectado a un recipiente de oxígeno que rodaba sobre ruedas. Estaba tan mal que a veces pensaba que me moriría entre el tiempo que tardaba en cambiar un recipiente por otro.

Los doctores me dijeron que la única forma en que dejaría el tanque de oxígeno sería recibir un trasplante de pulmón. Me lo dijeron tanto en la Clínica Mayo... pero mi médico de pulmón de St. Paul realmente no quería recorrer ese camino. No sentí que fuera correcto que alguien más tuviera que morir para poder tener sus pulmones y poder vivir. Tenía dificultades en aceptar el concepto de trasplante de pulmón.

Desde noviembre de 1986 hasta marzo de 1993 recibí oxígeno las 24 horas del día. No me han hecho un trasplante de pulmón y -sin embargo- ya no recibo oxígeno. La razón es que conocí a Chunyi Lin.

Él enseñaba una clase en las noches de algo llamado Qigong en una escuela secundaria local. Mi hijo, Ralph, se enteró de la clase de Master Lin y me dijo que debería ir, dijo que creía que Master Lin podía ayudarme. Como no creía que él pudiera hacerlo, yo no quería ir. Pensé que no había manera de que eso ayudara. De ninguna manera. Mi hijo no dejaba de insistir; casi me pateó, me gritó y me arrastró a la primera clase.

Yo no quería estar allí y me quedé sentada mirando todo el tiempo al Maestro Lin. Pero había algo tan amable y cariñoso en él que decidí volver la semana siguiente. Fui a clase cada semana y aprendí a hacer sus ejercicios. Comencé a sentirme mejor y seguí mejorando cada vez más.

Supongo que fue después de la quinta o sexta semana de clase que entré sin usar el oxígeno. Por un tiempo lo seguí cargando como medida de seguridad. Un día, voy a clase, soy la primera en llegar y, mientras todos entran, los escucho decir: "¡Esther, ¿dónde está tu oxígeno?" Nadie podía creerlo, y luego Master Lin entra, me mira, y todos se ponen muy felices. Estaban asombrados. No podían creerlo. Todo el mundo estaba en éxtasis. ¡Fue un milagro!

Durante la última semana de clases entré sin ningún oxígeno. Era la primera vez que había estado sin oxígeno desde más de seis años y desde entonces no lo he vuelto a necesitar. Todos los años celebro el 22 de marzo como mi "Día de la Liberación del Oxígeno". Mi médico no podía entender cómo sucedió.

Es decir, le agradezco a Dios que hubiera oxígeno para que sobreviviera todos esos años mientras lo necesité, pero solo sobrevivía. Estaba viva, pero no estaba viviendo.

Doy gracias a Dios todos los días por poner en mi camino a Master Lin. Me dio calidad de vida y creo que eso es lo que todos queremos. Continué estudiando con Master Lin y ya pasé el Nivel 3 de Spring Forest Qigong. Además, he podido ayudar a varios de mis amigos con problemas de salud usando lo que Master Lin me ha enseñado. Tengo tres nietos trillizos. Ya tienen casi seis años -y sé- que sin Master Lin, probablemente no habría vivido para verlos.

Saber esto ha cambiado mi vida de muchas maneras. También soy una persona diferente por lo que he aprendido con él. Para decirlo sin rodeos, solía ser muy criticona, malhumorada, H.D.P., pero gracias a Spring Forest Qigong ya no lo soy. Tengo mucho amor y comprensión del mundo y de las personas por lo que estoy muy agradecida. Master Lin es la razón de todo esto

Master Lin vino a mi casa para pasar Navidad, y mi nieto, uno de los trillizos, le dijo cuando se estaba yendo, "¿Tú eres Jesús?".

Todos sonreímos. Por supuesto no creo que él sea Jesús,

pero es el ayudante de Jesús. Ciertamente, él está aquí en la tierra para ayudarnos.

KATHY WEIHE

Little Canada, MN

Esclerosis Múltiple (EM)

Tomé el Nivel Uno de Spring Forest Qigong cuando tenía cuarenta y un años.

En ese entonces, estaba en medio de un divorcio y vivía con mi hijo y mi hija que eran adolescentes. Seis años antes me habían diagnosticado esclerosis múltiple y había vivido casi a diario temiendo al futuro y con la posibilidad de que aumentaran los síntomas de la EM. Todos los miembros de mi familia tenían que lidiar con el dolor del divorcio. Mi vida era un caos.

Cuando comencé a estudiar Qigong con Master Lin, todo cambió de manera simple y silenciosa. Esperé con interés que llegara la tarde, cuando cerraba la puerta de mi habitación, repetía las palabras que aprendí en clase y practicaba los movimientos básicos de Qigong. En menos de media hora me sentía más tranquila. Mis sueños nocturnos se volvieron vívidos y llenos de energía, y aguardaba con anticipación las clases, donde podía hablar sobre la práctica del Nivel Uno.

La fatiga fue mi síntoma predominante. Estaba

preocupada de asistir a clases por la noche, temía cansarme demasiado de conducir durante cuarenta minutos hasta el colegio comunitario en aquel clima de enero. Sin embargo, mi nivel de energía mejoró y se volvió más constante. Me preocupé mucho menos por lo que podía o no podía hacer con mi cuerpo.

Durante las seis semanas de la clase de Nivel Uno experimenté fuertes cambios físicos, así como algunos cambios en mis sentimientos con respecto al tiempo (específicamente, que no necesitaba apresurarme para curarme). La siguiente vez que Master Lin ofreció clases, me inscribí en el Nivel Dos.

A medida que mi nivel de energía aumentó, también mejoró mi confianza. Una vez, cuando le expresé temor por algo a Master Lin, él me dijo que tuviera confianza. "Ten confianza" -dijo- como si me estuviera ofreciendo una galleta en una charola para que la tomara y me la comiera. Y así fue. La confianza es una forma de energía, y estaba aprendiendo con el Qigong cómo usar la energía que me rodea. Comencé a confiar en mi capacidad para estar activa sin cansarme demasiado y confiar en que no había nada que temer con respecto al cansancio.

Mi confianza aumentó drásticamente durante el verano después de mis primeras clases en Spring Forest Qigong. Mis amigos me recuerdan cómo era mi vida antes de estudiar con Master Lin, cuando no caminaba por el lago ni asistía a más de un evento en un día temiendo por mi salud.

Tomé clases de escalar en roca. Es un deporte que siempre me ha interesado y viajé a varios estados para practicar la escalada. Solicité un programa de MFA (Maestría en bellas artes) e hice mi posgrado en otoño. En enero del año siguiente, pude viajar y explorar la selva tropical en Costa Rica, mientras seguía haciendo a diario mi práctica de Qigong.

He estudiado Spring Forest Qigong hasta el Nivel 4, y aprendí más sobre cómo trabajar con otras personas para ayudarlos a abrir sus bloqueos. Al principio, pensé que no podía ayudar a los demás, ya que yo no tenía una salud perfecta. Pero he aprendido con Master Lin y otros estudiantes que esto no es cierto. Han pasado casi siete años desde que supe -gracias a una mujer en la iglesia- que existía Qigong. Me había acercado a ella para preguntarle sobre ese Qigong del que hablaba, porque se veía "radiantemente saludable y feliz". Descubrí que había comenzado su estudio de la meditación en movimiento cuando le dio cáncer.

Todavía practico Qigong todas las noches, principalmente las meditaciones sentadas. A veces, cuando siento la necesidad de hacerlo, vuelvo a los primeros movimientos reconfortantes del Nivel Uno. "Pienso Qigong" mientras conduzco mi automóvil, si me siento en mi escritorio o cuando pongo los platos en el lavavajillas; especialmente cuando me siento cansada. Mi salud ha estado bien. Gracias a Master Lin no me considero alguien que tenga una enfermedad, sino alguien que puede prestar atención a los bloqueos de mi cuerpo y trabajar para abrirlos.

Mi vida espiritual es muy importante para mí. Qigong es una parte activa de esa vida. Para mí, los movimientos básicos de Qigong son oración en movimiento. Ya no le temo tanto al futuro, el mío o el de las personas que amo. La contestadora del teléfono de Master Lin terminaba con este mensaje: "Que tengas un muy buen y afortunado día". He tenido muchos de ellos desde que conocí a Chunyi y comencé a estudiar Spring Forest Qigong.

Reflexiones finales

IF YOU NEVER HEARD of Qigong before reading this book, I hope you have a better understanding now of what Qigong offers you.

There are many aspects to Qigong. Many people see Qigong as a fitness and wellness program. Indeed, practicing Qigong is an excellent program for fitness and wellness.

Qigong breathing increases the intake of oxygen and greatly enhances the metabolism of oxygen in the tissues of the body, especially the muscles. Physically, this helps give you more strength and endurance. It also makes you more mentally alert and enhances creativity.

Qigong meditation relieves stress, which is one of the major causes of disease. It also slows the heart rate and respiration. It strengthens the immune system. When you do meditation, your brain sends chemical messages to your body to help you relax. It also enhances an overall feeling of well-being.

Sí nunca has escuchado nada acerca del Qigong antes de leer este libro, espero que ahora tengas una mejor idea de lo que el Qigong ofrece.

El Qigong está formado por muchos aspectos. Muchas personas ven al Qigong como un programa de acondicionamiento físico y bienestar. De hecho, practicar Qigong es un excelente programa para el ejercicio y el bienestar.

La respiración de Qigong aumenta la ingesta de oxígeno y mejora considerablemente el metabolismo del oxígeno en los tejidos del cuerpo, especialmente los músculos. Físicamente, esto ayuda a darles más fuerza y resistencia. También vuelve a la mente más alerta y aumenta la creatividad.

La meditación Qigong alivia el estrés, que es una de las principales causas de la enfermedad. También disminuye la frecuencia cardíaca y la respiración. Fortalece el sistema inmunológico. Cuando meditas, tu cerebro envía mensajes químicos a tu cuerpo para ayudarte a relajar. También aumenta una sensación general de bienestar.

Practicar Qigong puede ayudarte de muchas maneras. Puede ayudarte a alcanzar tu "máximo rendimiento" en los deportes, en la escuela, en el trabajo y en la vida. Tu mente se vuelve más alerta y creativa. Tus músculos están más relajados y fortalecidos. Tienes más energía. Solo por estas razones, es fácil ver por qué el Qigong se está volviendo tan popular.

Hay otra dimensión en Qigong en la que me he centrado en este libro: la curación. Muchos maestros de Qigong no se enfocan en esto al enseñar. Por ende muchos estudiantes de Qigong ni siquiera son conscientes de esta dimensión del Qigong. Yo siento que la curación es lo más importante.

Aprender y practicar Spring Forest Qigong es un excelente programa de acondicionamiento físico y bienestar que se centra en el poder curativo del Qigong. Spring Forest Qigong puede ayudarte a tomar el control de tu propia salud. Puede ayudarte a sanar física, mental, emocional y espiritualmente, todo al mismo tiempo. Y también puedes aprender a ayudar a otros a sanar.

Comencé este libro diciendo que naciste siendo un sanador. Creo que esto es verdad porque sé que es verdad. Espero que este libro te haya ayudado a comprender mejor cómo funciona el Qigong y cómo puedes utilizar el Qi, la energía, el amor, la bondad y el perdón para lograr tu propia curación completa y perfecta y para ayudar a otros.

Cuando una persona siente amor, perdón y bondad en su corazón, la felicidad está siempre con ellos y sus canales de energía siempre están abiertos. Si por algún motivo se produce un bloqueo, es muy fácil deshacerse de él.

En mi experiencia, Qigong es una de las técnicas de curación más poderosas que existen. Sin embargo, el Qigong no es la fuente de la juventud o el don de la inmortalidad. Esas cosas no existen. Todos estamos aquí por un tiempo limitado. Venimos del universo. Somos parte del universo y regresaremos al universo.

Lo más importante es cómo pasamos nuestro tiempo en este cuerpo y cómo crecemos en la energía del amor, la bondad y el perdón. Esto es lo que hace que nuestra vida sea más agradable y maravillosa.

Mi único objetivo es compartir este maravilloso mensaje con la mayor cantidad de personas posible. Espero que pruebes Spring Forest Qigong y elijas unirte a mi visión de "un sanador en cada hogar y un mundo sin dolor ni sufrimiento".

Para aprender más sobre Spring Forest Qigong y sobre los materiales de estudio, por favor visita nuestro sitio web.

www.springforestqigong.com

Investigaciones sobre Spring Forest Qigong

En China, muchos Maestros de Qigong no están interesados en proyectos de investigación. Después de todo, hay miles de años de investigación de Qigong para aprovechar y tienen años de experiencia personal con lo que funciona y lo que no funciona.

Ya que he vivido en Estados Unidos, he aprendido el valor que las personas le dan a los estudios científicos, por lo que estoy muy abierto a ellos. He estado trabajando durante varios años con un investigador médico muy respetado para obtener fondos para un estudio que utiliza Spring Forest Qigong para ayudar a los pacientes con cáncer. Tales estudios son caros y todavía estamos buscando financiamiento.

En 2002 se completó un proyecto de investigación que estudia el uso de Spring Forest Qigong para ayudar a las personas con depresión grave y trastorno bipolar. A continuación presento una visión general de ese estudio.

Spring Forest Qigong, un tratamiento "altamente eficaz" contra la depresión

Un estudio realizado durante el verano de 2002 encontró que Spring Forest Qigong "es una modalidad de tratamiento complementario y alternativo altamente eficaz para la depresión y se debe considerar como un complemento del tratamiento de la psicoterapia".

El estudio fue realizado durante un período de dos meses por Frances V. Gaik, candidata a doctorado en la Escuela de Psicología Adler en Chicago, Illinois. Los descubrimientos se incluyeron en la disertación de la Sra. Gaik. Posteriormente recibió su doctorado en enero de 2003.

Después de investigar a fondo las técnicas de Qigong, la Dra. Gaik seleccionó las técnicas de Spring Forest Qigong para su estudio. A un total de "39 personas con diagnóstico DSM-IV de depresiones mayores, distimia o trastorno bipolar" se les enseñaron las técnicas de Spring Forest

Qigong de Nivel Uno por parte del Maestro Chunyi Lin en una sesión de capacitación de un día a fines de junio de 2002. Master Lin Se reunió con los practicantes a fines de julio y nuevamente a fines de agosto.

A cada persona se le proporcionó un video, un manual y cintas de audio del Nivel Uno de SFQ, incluidas las meditaciones del Universo Pequeño y la Autoconcentración de SFQ. Se les invitó a practicar los ejercicios activos o las meditaciones de Nivel Uno durante por lo menos cuarenta minutos al día y mantener un registro de sus sesiones de práctica.

El Dr. Gaik descubrió que "todos mejoraron durante el período del tratamiento" y encontró "un nivel muy significativo de mejoría en la mayoría de las personas que mostraban niveles graves de depresión".

A continuación presento extractos del estudio de la Dra. Gaik: "Un estudio preliminar que aplica Spring Forest Qigong a la depresión como tratamiento alternativo y complementario".

RESUMEN

Un estudio piloto con 39 sujetos diagnosticados con DSM-IV de depresión mayor, distimia o trastorno bipolar se trató con la técnica de la medicina tradicional china oriental de Qigong. El tratamiento incluyó un tratamiento de emisión de Qi por profesionales calificados, y se requirió que los sujetos practicaran el ejercicio de Qigong durante un período de dos meses. Se observó una mejora significativa, especialmente en el primer mes, en las mediciones del Índice de Depresión Revisado de Beck (BDI-R) (.0000) y de la Lista de Verificación de Síntomas -90 R (SCL-90-R) (.00003), Sensibilidad interpersonal (.00003). Los índices de somatismo SCL-90, así como tres criterios de las directrices del DSM-IV también indican una tendencia general de mejora. Todos los sujetos mejoraron durante el período de tratamiento, y se determina que el ejercicio de Qigong es una modalidad de tratamiento complementario y alternativo altamente eficaz para la depresión y debe considerarse como un complemento del tratamiento de psicoterapia. No se observaron diferencias significativas en los sujetos tratados con emisión de Qi.

Informes anecdóticos

Se reportaron informes específicos de alivio somático y de síntomas que merecen ser mencionados: 1) una mujer dijo que el zumbido en su oído había desaparecido inmediatamente después del primer tratamiento de emisión de Qi. Informó que había experimentado constantemente este timbre durante un período de nueve años; 2) otra mujer dijo que había reducido sus niveles de insulina; 3) otra mujer con muchos problemas físicos declaró que ya no necesitaba usar Vicodin para dormir por la noche y comenzó a trabajar después de un largo período sin trabajar; 4) otra mujer dijo que había disminuido su medicación antidepresiva a la mitad; 5) otra mujer dijo que descubrió que podía obtener

respuestas a sus problemas mientras hacía el ejercicio de Qigong.
("Un estudio preliminar que aplica el Qigong de Spring Forest a la depresión como tratamiento alternativo y complementario", Frances V. Gaik, Psy. D. pág. 81)

Resultados de la investigación

Los resultados fueron muy exitosos ya que los sujetos informaron un alivio significativo y sustancial de los síntomas relacionados con las guías del DSM-IV, y no se informaron efectos secundarios negativos del tratamiento.

El investigador y los tres practicantes notaron que la presentación física y el aspecto del grupo cambiaron marcadamente y mejoraron al final del período del tratamiento que cuando se presentaron por primera vez dos meses antes. Hubo una diferencia notable en el efecto y la presentación de los sujetos. Los practicantes comentaron sobre su preocupación original en la primera reunión acerca de qué tan "graves" y tristes se veían los sujetos. En la última sesión, los sujetos mostraron una actitud entusiasta y su afectividad se modificó notablemente a un nivel más responsivo y animado. Tenían una curiosidad genuina acerca de la técnica de Qigong e hicieron preguntas sobre los niveles avanzados de práctica. Aunque el período del tratamiento del estudio duró solo dos meses, la tendencia de mejora puede continuar experimentándose a medida que se continúan los ejercicios, ya que la duración de la práctica indica que puede ocurrir un mayor cambio con el tiempo, especialmente después de 12 meses (Kawano, 1997; 1998).

(Ibid. Pág. 83)

Implicaciones clínicas

El sistema de atención médica se encuentra hoy en un estado de crisis, con más de 41 millones de personas sin seguro, y la atención de salud mental no es, en realidad, algo que le interese a las compañías de seguros. El método actual de tratamiento para la depresión, el problema mental más comúnmente diagnosticado, incluye la terapia cognitiva conductual y la medicación. La perspectiva de que estamos interconectados a través de un campo de energía, y que esta energía puede mejorarse e intercambiarse en las interacciones humanas, ya sea a través de pensamientos, emociones o acción física, es un cambio importante en el paradigma que no se aborda en la actualidad. Se cree que el ejercicio de Qigong mejora el sistema de energía humano del individuo a lo largo del tiempo, acrecentando la salud y una sensación de bienestar. De acuerdo con los principios de Qigong, los sujetos aprendieron a cultivar, almacenar y manipular la "energía" o Qi, lo que activó el alivio de sus síntomas. Los sujetos aprendieron a movilizar el potencial de curación innata y a revertir los efectos negativos de la depresión, así como a asumir la responsabilidad personal de su salud.

Un enfoque energético de la depresión ofrece la oportunidad de cambiar nuestra percepción sobre las relaciones humanas y cómo modular nuestra propia respuesta a los "entornos tóxicos" y sus efectos en nuestro propio campo energético. Los sujetos en este estudio no fueron removidos de sus dificultades cotidianas, ni recibieron psicoterapia; fueron entrenados para enfrentarse mejor y equilibrar su mundo emocional y desarrollar un sentido de dominio propio. El objetivo era un control equilibrado de su respuesta, en lugar de depender de los medicamentos o la necesidad de ver a un terapeuta.

Este es el primer estudio que aplica Qigong como método de curación para la depresión, y se observaron resultados significativos en el plazo de tan solo dos meses. Los sujetos aprendieron una técnica que ofrece una modalidad de por vida para enfrentar el estrés y los efectos negativos de la depresión. Si la tendencia continúa como se espera, es posible que hayan aprendido a activar su propio potencial de curación. La técnica es rentable (el precio del video y las cintas de audio), y no se informaron efectos secundarios del ejercicio.

Los resultados proporcionaron una mejora significativa en todos los sujetos. En las aplicaciones de un nuevo tratamiento, solo unos pocos eventos de importancia significativa pueden ser suficientes para afirmar que realmente existe un nuevo fenómeno. Este estudio indica un nivel muy significativo de mejoría en la mayoría de los sujetos que mostraron niveles graves de depresión. El ejercicio de Qigong se ha diferenciado de la meditación y la visualización a través de la actividad del EEG (Electroencefalograma, Ueda, et al., 1997), que no se pueden explicar simplemente los niveles significativos de mejora observados en este estudio. El ejercicio de Qigong no es comparable al ejercicio físico, ya que no se exacerban los niveles necesarios para liberar endorfinas.

Dada la aceptación teórica del concepto de que el sistema humano tiene transformadores de energía llamados chakras, y que el flujo de esta energía nos afecta a través del sistema de los meridianos, la especulación sobre los resultados puede considerarse a la luz de las teorías energéticas planteadas por Kunz y Peper (1983). Dora Kunz fue una de las creadoras del Toque Terapéutico (Therapeutic Touch) que el personal de enfermería enseña y utiliza ampliamente.

Una disminución de la energía es un factor común de la depresión y hay factores complejos involucrados. Según Kunz, los cambios normales en el estado de ánimo de la ansiedad, la decepción y la tristeza pueden ser un factor incipiente para cerrar el chakra del plexo solar, responsable de la ingesta principal de flujo de energía. Ya que todo el sistema se está recargando energéticamente a un ritmo menor, el individuo gasta más energía al lidiar con sentimientos turbulentos, y, en consecuencia, hay menos energía disponible. Los individuos ansiosos y deprimidos tienden a respirar superficialmente; y esto también afecta el flujo de oxígeno y energía en el cuerpo. El ejercicio de Qigong fomenta una respiración profunda y medida, aumentando el oxígeno en el organismo.

(ibid. pág. 87-89)

Para obtener más información sobre el estudio de la Dra. Gaik "Un estudio preliminar que aplica Spring Forest Qigong a la depresión como un tratamiento alternativo y complementario", comuníquese con la Escuela Adler de Psicología Profesional, donde se encuentran archivados los resultados completos de su investigación y la tesis.

Escuela Adler de Psicología Profesional

65 East Wacker Place, Suite 2100

Chicago, Illinois 60601-7298

ph: (312) 201-5900

fax: (312) 201-5917

correo electrónico: information@adler.edu

Notas del coautor

Alguien me preguntó recientemente cómo llegué a creer que Spring Forest Qigong realmente funciona. Es una pregunta que me han hecho muchas veces. La respuesta corta es, lentamente y de forma reacia. Solo después de muchos meses de investigación cuidadosa acepté la posibilidad de que pudiera funcionar.

Durante la mayor parte de mi vida adulta he sido un escéptico profesional, un reportero. He pasado treinta años en el negocio de noticias de televisión. Así supe que Chunyi Lin y Spring Forest Qigong existían a fines del otoño de 1996, mientras trabajaba como presentador y reportero para KMSP-TV en Minneapolis.

Un par de conocidos estaban tomando una de sus clases y no podían dejar de hablar de ello. Elogiaron la "energía curativa" y cómo el dolor de las personas desaparecía milagrosamente, y cómo podían "sentir la energía surgiendo" a través de ellos. Si bien la sinceridad en su entusiasmo era obviamente real, en el mejor de los casos me pareció extravagante y tal vez delirante.

Nunca antes había oído hablar de algo así: "Una fuente ilimitada de energía que fluye a través del universo" y circula por canales invisibles en nuestros cuerpos. Todo el concepto parecía absurdo. Sabía lo que era la energía. La energía es lo que fluye por las líneas eléctricas e ilumina la habitación cuando se acciona el interruptor.

Ciertamente, esa no fue la primera vez que me topé con algo que sonaba demasiado bueno para ser verdad. En mi experiencia personal y profesional, tales afirmaciones suelen ser exageradas y -a veces- fraudulentas.

Todos vemos la vida a través del prisma de nuestras propias experiencias. Eso es lo que nos proporciona la perspectiva y el contexto para el aprendizaje y la comprensión. Somos subjetivos en nuestros procesos de pensamiento. La verdadera objetividad es un objetivo loable, pero casi imposible de lograr. Mientras me esforzaba por ser un escéptico de mente abierta, mi escepticismo acerca de Qigong fue alimentado en parte por mis experiencias pasadas.

Durante los doce años que viví y trabajé en San Francisco, conocí a muchas personas que deliraban con conceptos no convencionales que consideraba similares a lo que me contaban sobre Qigong; todo, desde EST hasta TM, Rolfing y tanques de aislamiento. El entusiasmo de esos individuos fue igualmente sincero y, a menudo, intenso, pero generalmente desapareció por completo en un tiempo relativamente corto.

Siendo un escéptico de mente abierta, a menudo me intrigaban las posibilidades que ofrecían estos conceptos y experimenté con muchos de ellos. Sin embargo, ninguno resonó conmigo. No recibí ningún beneficio perceptible de ninguno de ellos. Por lo tanto, en lo que a mí respecta, las afirmaciones eran falsas. Quizás el fracaso fue totalmente mío o solo en mi enfoque escéptico. Aun así, mis experiencias con todas las cosas que había probado de ese género estaban en marcado contraste con las experiencias "esclarecedoras" que otros afirmaban. Mis experiencias fueron superficiales, no profundas. Como consecuencia, fue a través del prisma de esas experiencias que pude ver lo que escuchaba sobre Qigong.

Pude haber ignorado al Qigong por completo, salvo por el hecho de que, como reportero, mi curiosidad era más grande que mi escepticismo. El Qigong podría convertirse en una buena historia, siempre y cuando pudiera encontrar una prueba que respaldara las afirmaciones. Pero si pudiera refutarlos la historia sería aún mejor.

Pasaron varios meses hasta que tuve tiempo para comenzar a investigar sobre el Qigong. Cuando finalmente lo logré, para mi sorpresa, descubrí que se habían realizado una gran cantidad de investigaciones científicas sobre el tema. La mayor parte de las investigaciones se realizaron en China y Japón, donde el concepto de Qi o Ki, como lo dicen en Japón, forma parte de la cultura.

Descubrí rápidamente que en China el concepto del "cultivo del Qi" o Qigong, se remonta al menos a cuatro mil años. El cultivo del Qi es el fundamento de toda la medicina tradicional china, incluida la acupuntura, que ya había sido aceptada por muchos en el mundo occidental. Estos son hechos que, sin duda, ya has aprendido gracias a este libro.

Durante la era del gobierno de Mao Tse Tung sobre China, el Qigong fue forzado a permanecer oculto. El Qigong empodera al individuo, lo cual contradice la mentalidad colectiva y centrada en el estado del gobierno de Mao quien lo vio como una amenaza potencial. El Qigong comenzó a resurgir hasta después de la muerte de Mao y la destitución de sus seguidores más cercanos en los pasillos del poder.

A principios de la década de los años 1980, un médico chino muy respetado persuadió al nuevo gobierno comunista de que la antigua tradición de curación podría resultar de gran beneficio para la gente. Con los nuevos líderes centrados en la modernización de China, al médico se le permitió examinar las técnicas de curación Qigong a través de la lente de la doctrina científica moderna. Querían pruebas sólidas, y, para mi gran sorpresa, las obtuvieron.

Desde la década de los años 1980 se han realizado multitudes de estudios de Qigong en China. Los resultados son muy amplios. Las cifras son impresionantes. Sin embargo, las técnicas de investigación utilizadas no siempre han cumplido con los estándares occidentales, lo que lleva a algunos a cuestionar esos resultados. Aún así, muchos de los estudios chinos se han considerado científicamente sólidos y el interés en el Qigong está creciendo entre los investigadores de Occidente.

El gobierno chino todavía no ha abrazado abiertamente al Qigong, pero aparentemente algunos líderes gubernamentales han encontrado los resultados de la investigación lo suficientemente persuasivos como para dejar de suprimir la enseñanza y la práctica del Qigong. De hecho, las técnicas de curación del Qigong ahora se pueden usar abiertamente en algunos de los hospitales de la nación.

Si bien invito a todos a hacer su propia investigación y a llegar a sus propias conclusiones, lo que sigue es una versión muy condensada de algunos de mis descubrimientos. Lo ofrezco solo como una breve explicación de cómo mi pensamiento sobre el tema progresó y cambió.

En mi mente, para que el Qigong tuviera la posibilidad de funcionar, tendría que haber alguna evidencia sólida que demostrara que esta energía o sistema de meridianos, que se supone que facilita el flujo de Qi en el cuerpo, existe. Dudé fuertemente que tal cosa pudiera ser probada. Pronto descubrí que estaba equivocado.

A mediados de la década de los años 90, la disciplina del cultivo del Qi que se había estudiado principalmente fuera de China era la acupuntura. Muchos de estos estudios de acupuntura resistieron el escrutinio occidental y demostraron de manera concluyente que el sistema de energía o los meridianos en el cuerpo sí existen. Incluso encontré a varios médicos, incluidos algunos en las Ciudades Gemelas donde vivía y trabajaba, que participaron en estudios de acupuntura en la escuela de medicina y la técnica les pareció muy impresionante.

En un estudio de acupuntura típico, los investigadores inyectaban un isótopo trazador o radio en un punto de energía a lo largo de un sistema o canal de meridianos específico en el cuerpo de un sujeto, según las indicaciones de un acupunturista experto. El propósito era ver si el marcador se movería, y si lo hiciera, se movería a lo largo de los meridianos o canales a medida que aparecieran en un gráfico de meridianos clásico. Una y otra vez, encontraron que el marcador fluía inmediatamente a lo largo del mismo canal meridiano específico donde se había inyectado el marcador.

Los investigadores también descubrieron que si inyectaban el marcador, incluso ligeramente fuera de un punto de energía específico, todo lo que hacía el marcador era acumularse en ese lugar. No iba a ninguna parte. Estos resultados demostraron claramente la existencia de un sistema de meridianos o canales invisibles dentro del cuerpo humano, tal como los estudiosos orientales lo habían estado enseñando durante muchos milenios. Aquí estaba la prueba de un sistema que anteriormente no se reconocía y era desconocido para la medicina moderna. Me pareció que era realmente asombroso.

Además, estos estudios no se realizaron solo en China y Japón, sino también en Europa, e incluso aquí en los Estados Unidos, como en la reconocida Fundación Menninger. Los estudios fueron tan significativos que algunas compañías de seguros comenzaron a cubrir los tratamientos de acupuntura y la mayoría lo hace hoy en día.

Los hallazgos de esos estudios de acupuntura fueron muy sorprendentes para mí, tanto personal como profesionalmente. Años antes, había intentado tratamientos de acupuntura con la esperanza de aliviar mi dolor de espalda crónico y progresivo y no recibí ningún beneficio de ellos. Los estudios que estaba revisando contrastaban con mi experiencia y creencias personales. Por lo tanto, mi mente se volvió más abierta a las posibilidades del Qigong, mi escepticismo comenzó a decaer y mi curiosidad se intensificó.

La evidencia era bastante clara de que el sistema de meridianos de energía dentro del cuerpo humano existe. Por lo tanto, era lógico suponer que también tenía algún propósito. Como Albert Einstein dijo una vez: "Dios no tira los dados con el universo". Continuando esa línea de pensamiento un paso más allá, me pareció lógico que si el sistema de energía existe, entonces la energía, el Qi, también podría existir. Algo debe moverse a lo largo de esos meridianos.

En mi opinión, estos estudios proporcionaron la validación científica de una parte clave del concepto antiguo detrás del Qigong. Sin embargo, solo probaban que el sistema de energía podría ser manipulado por un técnico experto que usa agujas de acupuntura, nada más.

Mientras hablaba con los médicos y otros investigadores interesados en el Qigong, me informaron sobre numerosos estudios que se centraban en la manipulación del Qi sin agujas ni ningún otro implemento. Los estudios que utilizaron la fotografía Kirlian y la termovisión infrarroja generaron imágenes de lo que se suponía que era energía Qi, y documentaron que un maestro de Qigong puede aumentar el Qi en su propio cuerpo y enviarlo fuera de su cuerpo.

Otra investigación indicó que el Qi emitido puede aumentar el recuento de células T en el cuerpo, reducir e incluso eliminar los tumores en el cuerpo y afectar el crecimiento de las células cancerosas. En aquel entonces no poseía la base de conocimientos científicos necesaria para evaluar de manera justa el significado de ninguno de esos hallazgos, pero me alentaron a seguir buscando.

Finalmente, descubrí dos estudios sobre la manipulación de Qi que me parecieron convincentes. Cada uno de estos estudios se centró en lo que los investigadores denominaron "sincronicidad". Se trata de estudios que midieron los cambios en los EEG, u ondas cerebrales, de un maestro de Qigong a las ondas cerebrales de los receptores del Qi del maestro.

No había forma de que los destinatarios o los investigadores con ellos supieran cuándo el maestro estaba enviando Qi y cuándo no. Sin embargo, los estudios encontraron una sincronización de EEG entre el remitente y los destinatarios del Qi. Cada vez que el maestro enviaba su Qi, en cuestión de segundos, las ondas cerebrales de los receptores cambiaban y se sincronizaban con las del maestro. Cuando dejó de enviar Qi, la sincronicidad se detuvo.

En uno de los estudios, el remitente y el receptor no solo se encontraban en habitaciones separadas, sino en pisos separados de un edificio con protección sensorial. El maestro de Qigong estaba en una habitación en el cuarto piso, mientras que el sujeto estaba en una habitación en el primer piso. Una vez más, los datos mostraron que cuando el maestro de Qigong estaba enviando Qi, las ondas alfa en los lóbulos frontal y occipital del receptor se sincronizaron con las del maestro.

Las probabilidades de que esto suceda una y otra vez por mera coincidencia son astronómicas. La implicación era innegable. Estos investigadores habían documentado la transferencia de energía. Eso no se supone que sea posible. Aquí había algo que no se puede ver, que de alguna manera pasa de un ser humano a través de su intención a otro ser humano, e instantáneamente tiene un efecto perceptible. Por uno minutos, piensa en las implicaciones que esto puede tener.

Cuanto más pensaba en ello y en todo lo que había aprendido, llegué a las siguientes conclusiones: el Qi existe; el sistema de energía para mover el Qi a través del cuerpo existe; y el Qi puede ser manipulado por los seres humanos.

Me había convencido de que los principios básicos de Qigong eran hechos reales, no de ficción, y decidí que un informe sobre Qigong no solo sería una buena y valiosa historia. Aquí había algo que realmente podría hacer una diferencia positiva en la vida de las personas.

Me puse en contacto con Chunyi Lin y programé un horario para asistir a una de sus clases y realizar una entrevista. Si bien no lo mencioné en mi informe de noticias, y rara vez se lo mencioné a nadie antes de escribir esto, cuando conocí a Chunyi por primera vez, lo que más me sorprendió fue lo reconfortante que me sentía estar en su presencia.

En mi vida solo había conocido a otras dos personas que me hicieron sentir así. Ambas eran monjas en las Filipinas que habían dedicado su vida a ayudar a los pobres, y lo hicieron con un gran riesgo personal, porque su trabajo y su esfuerzo abierto para poner fin al sufrimiento innecesario las había enfrentado con la brutal dictadura de Marcos. Percibir esa misma sensación de Chunyi Lin tuvo un profundo y desconcertante efecto en mí.

Dejando de lado mi reacción personal, dos factores dieron forma a mi opinión profesional de Chunyi Lin. En primer lugar, él es totalmente sencillo. No quería, y no aceptó ningún crédito por los resultados que las personas estaban experimentando. Dejó muy claro que la curación provino del universo, de Dios, de la energía y no de Chunyi Lin. En segundo lugar, insistió en que cualquiera persona podría hacer lo que él estaba haciendo si supieran cómo.

Todo lo que quería hacer era transmitir este conocimiento a otros para que ellos pudieran hacer lo mismo.

Transmitimos mi artículo sobre Chunyi Lin y Spring Forest Qigong a fines de junio de 1997. La respuesta fue inmediata y abrumadora. Algo que nunca me habría imaginado.

En mi experiencia, solo las historias que habían escandalizado a las personas habían generado tal respuesta. A la gente le encantan las historias positivas, pero rara vez la gente se emociona lo suficiente como para levantar un teléfono. Para mi sorpresa, nunca recibí una llamada negativa sobre esa historia. La gente llamaba para saber cómo ponerse en contacto con Chunyi Lin y dónde podrían inscribirse en sus clases. Y llamaron en multitudes.

Recibí tantas llamadas que puse el número de Anoka-Ramsey College, donde Chunyi estaba enseñando, en mi contestador automático. Más tarde supe por la universidad que su sistema telefónico se había saturado. No mantuvieron una cuenta exacta, pero fue algo así como mil setecientas llamadas en diez días. Recibieron tantas llamadas que la mayor parte del tiempo su sistema no podía manejarlas todas. Como resultado, no tenían idea de cuántas personas intentaron llamar, pero nunca experimentaron algo así antes o después. El número de personas que se inscribieron en sus clases se multiplicó por diez a partir de ese día.

Incluso, después de toda la investigación que hice, incluso después de todas las entrevistas con los estudiantes de

Chunyi y los doctores que documentan algunas historias de éxitos realmente sorprendentes, nunca pensé en usar Qigong para mí. Haciendo una retrospectiva, supongo que pensé que todas esas personas debían haber tenido alguna cualidad especial que permitiera que el Qigong trabajara para ellos. Y yo estaba seguro de no poseer esa cualidad.

En ese momento de mi vida, había sufrido de dolor lumbar progresivo durante casi veinte años. Aproximadamente cada seis meses, mis problemas de espalda se volvieron tan graves que mi espalda se bloqueó por completo, lo que requeriría asistencia farmacéutica seria.

Una vez mi espalda se bloqueó mientras estaba trabajando en mi jardín. Los músculos entraron en tal espasmo total que parecían un nudo de hierro. No pude enderezarme. Parecía una "L" de pie y el dolor era impresionante. Se disparó a través de mí como descargas eléctricas con el menor movimiento.

No había manera de que pudiera conducir. Ni siquiera pude dar dos pasos para volver a mi casa y hablar por teléfono. Afortunadamente, había un hospital justo al otro lado de la colina de mi casa. Entonces, usé el rastrillo que tenía en la mano como muleta y atravesé las cuatro cuadras hasta el Hospital John Muir, bajé por la colina, subí la siguiente pendiente hasta que bajé por el otro lado y llegué a la Sala de Emergencias.

Ese no fue el peor episodio que he tenido, pero es uno de los pocos que puedo ver en retrospectiva y reírme. Debo haber sido todo un espectáculo, doblado en dos, cubierto de tierra y sudor, arrastrando los pies junto con un rastrillo de jardín.

Los medicamentos y la cirugía eran todo lo que los médicos tenían para ofrecer. El problema era que si tomaba suficientes medicinas para lidiar realmente con el dolor, estaba demasiado aturdido para funcionar correctamente. Había escuchado demasiadas historias de horror acerca de las complicaciones de una cirugía de espalda para siquiera considerar esa ruta.

El Advil ayudó más que cualquier otra cosa, y tomé una docena o más al día. Probé todo tipo de médicos, terapeutas y quiroprácticos. Algunos de los tratamientos quiroprácticos en realidad ayudaron bastante. Pero, desafortunadamente, el alivio nunca duró más de unas pocas horas, o un día como máximo. Entonces el dolor volvía arrastrándose. En aquellos días, incluso eso parecía un milagro.

Como la mayoría de las personas con dolor crónico o problemas de espalda, acababa de aprender a vivir con él, y algunos días me iba mejor que otros.

Un par de meses después de la transmisión de la historia de Chunyi, me pidió que lo ayudara a hacer una cinta de video para que la gente pudiera aprender sus ejercicios de Nivel Uno en casa. Me sentí halagado de que me lo pidieran y me entusiasmó ayudarlo.

Mientras veía a la gente hacer los ejercicios cuando

estaba trabajando en el artículo que publicaría, no había aprendido a realizarlos yo mismo. No fue necesario hacer la historia. Lo que necesitaba saber era si iba a poder producir un video instructivo que valiera la pena.

Durante las siguientes semanas, pasé mucho tiempo hablando con Chunyi sobre cómo funciona realmente el Qigong y aprendí cómo hacer los ejercicios activos, una instrucción personalizada que me proporcionó información valiosa sobre el hombre y sus enseñanzas. La primera vez que puse todos los ejercicios del Nivel Uno y los hice por mi cuenta, me tomó aproximadamente media hora y realmente no sentí gran cosa. Me di cuenta que todavía me dolía la espalda al terminar.

Cuando desperté al día siguiente, me dolía todo el cuerpo. No pude entenderlo. Los ejercicios no son para nada agotadores. Cuando era más joven, solía competir en artes marciales. Yo había sido un levantador de pesas. Había experimentado muchas lesiones y dolor muscular. Esto no tenía sentido. Me di cuenta de que debía de haber contraído la gripe o algo así, por lo que no hice los ejercicios activos ese día.

Un par de días después me sentí mejor, así que volví a intentar los ejercicios activos y al día siguiente sucedió lo mismo. Me dolía todo el cuerpo. Esta vez llamé a Chunyi. Cuando le conté lo que estaba experimentando, él estaba muy emocionado y dijo: “Eso es bueno”. Le respondí: “No, es malo. ¡Me siento peor, no mejor!”

Chunyi se rio y me dijo que había tenido obstrucciones que habían estado presentes durante muchos años, y que se estaban abriendo muy rápido, lo cual era muy positivo. Me dijo que siguiera haciendo los ejercicios activos todos los días durante cinco días seguidos y que viera qué pasaba.

Si no hubiera tenido sentimientos tan positivos para con Chunyi como persona, probablemente no lo habría hecho. Acepté de mala gana y pasé treinta minutos al día practicando esos movimientos durante cinco días consecutivos. En el sexto día, estaba muy ocupado y estaba a la mitad del día antes de darme cuenta de que ya no me dolía nada. Me dejó de doler la espalda. Podía moverme. Podía agacharme. No había más dolor. Ahora yo era un creyente.

Pasó otro año antes de que intentara usar las técnicas de Spring Forest Qigong para ayudar a otros. Es posible que nunca hubiera sucedido si mi hijo de nueve años no me hubiera pedido que lo intentara cuando una noche se sintió muy mal del estómago. "Haz esas cosas de China, papá. Haz que se detenga el dolor." Había tomado algunos medicamentos unas horas antes sin ningún resultado. Estaba empeorando. Al pobre pequeño le dolía tanto que lloraba.

No pensé que hubiera alguna manera de poderlo ayudar, pero no podía salir de la habitación y dejarlo ahí. Entonces, finalmente dije: "Está bien, Buddy, vamos a hacer que el dolor desaparezca ahora mismo. Solo cierra los ojos". Dije una oración en silencio, realmente era una súplica de ayuda, e hice exactamente lo que Chunyi me había enseñado. No tomó más de unos pocos minutos, y como si nada su dolor desapareció, el nudo en su estómago desapareció, su cuerpo se relajó y se fue directo a dormir.

No fue hasta ese momento que comprendí lo que Chunyi Lin me había dicho la primera vez que lo conocí. Cualquiera y todos pueden usar esta energía curativa para ayudarse a sí mismos y a los demás. Ya no estoy sorprendido de que Qigong ayude a las personas, pero todavía me maravilla.

Desde que Chunyi y yo comenzamos a trabajar juntos en este libro y en otros proyectos hace unos dos años, he investigado mucho más sobre Qigong. También he entrevistado a cientos de estudiantes de Spring Forest Qigong. Hasta ahora, no he conocido a ninguno que haya tenido una experiencia negativa. Tal vez sea el reportero que hay en mí, pero me parece sorprendente.

No todos han logrado los resultados que esperaban, pero aún no he conocido a alguien que haya practicado las técnicas y que no haya tenido una experiencia realmente positiva. Muchas veces es muy diferente de lo que esperaban. Para algunos, en realidad para la mayoría, ha sido más positivo de lo que creían posible, y hablan de Spring Forest Qigong y de Chunyi Lin en los términos más elogiosos.

En los últimos años, he pasado mucho tiempo con Chunyi Lin, lo he observado en muchas situaciones diferentes y he llegado a conocerlo bastante bien. Sé que él es un maestro y sanador dotado, y un hombre verdaderamente amoroso y generoso. Es tan sencillo y está totalmente enfocado en ayudar a los demás hoy como lo fue la primera vez que lo conocí. En pocas palabras, él es verdaderamente genuino. Vive lo que enseña y guía con el ejemplo. En mi experiencia, esas cualidades son demasiado raras en alguien.

Mi más sincero agradecimiento y gratitud a los estudiantes de Spring Forest Qigong que han dedicado su tiempo tan generosamente para hablar conmigo, y que tan abiertamente compartieron sus historias y, a menudo, los detalles íntimos de sus vidas, con el deseo de ayudar a los demás. Sin ellos, este libro no hubiera sido posible.

Es un placer y un privilegio llamar a Chunyi Lin mi amigo, y me siento honrado de tener la oportunidad de trabajar con él y con muchas otras personas amables y generosas en un proyecto que ofrece tanta ayuda a tantas personas.

—Gary Rebstock

福

Sobre los autores

Chunyi Lin

Chunyi Lin es un maestro internacional de Qigong certificado y es creador de Spring Forest Qigong. Su fluidez en numerosos dialectos chinos le brindó la rara oportunidad de estudiar con muchos de los Maestros de Qigong más respetados en su China natal. Ha enseñado y usado técnicas de Qigong para ayudar a los demás por más de veinte años. Master Lin también es un maestro de Tai Chi y está altamente capacitado en medicina herbal china y acupuntura.

Master Lin se desempeñó como Director de los Programas de Qigong en el Anoka-Ramsey Community College en Anoka, Minnesota, de 1999 a 2004. Durante 2004, creó una Asociación Educativa con Normandale Community College de Bloomington, Minnesota, y su entidad corporativa, Spring Forest Qigong Co., Inc., para proporcionar cursos totalmente acreditados en salud de Spring Forest Qigong y técnicas de curación. Todos los planes de estudio del curso fueron creados por Master Lin, y se desempeña como director del programa e instructor principal. Lin fue anteriormente profesor universitario en la provincia de Guangdon en China. En enero de 2005, Lin recibió una maestría en Desarrollo Humano / Salud Holística y Bienestar de la Universidad de St. Mary.

Master Lin enseña cuatro niveles de Spring Forest Qigong y ha creado una serie de materiales de aprendizaje en casa para estudiantes que incluyen videos, meditaciones de audio guiadas y manuales de referencia. Es un orador principal frecuente en conferencias nacionales de salud.

Desde que llegó a los Estados Unidos en 1995, ha ayudado a miles y miles de personas a aprender sobre los poderosos beneficios curativos de Spring Forest Qigong. Ahora dedica todo su tiempo a la enseñanza de Spring Forest Qigong y a ayudar a otros. También ve gente para sesiones de curación privadas. Vive con su esposa y dos hijos en las Ciudades Gemelas.

Su visión es "un sanador en cada hogar, y un mundo sin dolor ni sufrimiento".

Gary Rebstock

Gary Rebstock es un conductor de noticieros de televisión veterano, reportero y productor desde hace treinta años. Ha recibido numerosos premios de periodismo televisivo, desde premios Emmy regionales hasta reconocimientos en festivales internacionales de cine, hasta el Premio Thomas Moore Stork a la Excelencia en Periodismo Internacional del Consejo de Asuntos Mundiales de San Francisco. Ha sido alumno de Spring Forest Qigong desde 1997. Vive en las Ciudades Gemelas con su hijo adolescente. Siempre está interesado en conocer las experiencias de los estudiantes de Spring Forest Qigong.

TITLES BY CHUNYI LIN

Born A Healer

Head to Toe Healing:
Your Body's Repair Manual

Working with the Masters

Head to Heart:
The 18-inch Journey into Oneself

The Enlightenment Promise:
Secrets of the Heart Sutra

Made in the USA
Middletown, DE
07 December 2021